Hartmut Aden

Umweltpolitik

Elemente der Politik

Herausgeber:

Hans-Georg Ehrhart
(Institut für Friedensforschung und Sicherheitspolitik
an der Universität Hamburg, IFSH)

Bernhard Frevel
(Fachhochschule für öffentliche Verwaltung NRW, Münster)

Klaus Schubert
(Institut für Politikwissenschaft, Westfälische Wilhelms-Universität Münster)

Suzanne S. Schüttemeyer
(Institut für Politikwissenschaft, Martin-Luther-Universität Halle-Wittenberg)

Die ELEMENTE DER POLITIK sind eine politikwissenschaftliche Lehrbuchreihe. Ausgewiesene Expertinnen und Experten informieren über wichtige Themen und Grundbegriffe der Politikwissenschaft und stellen sie auf knappem Raum fundiert und verständlich dar. Die einzelnen Titel der ELEMENTE dienen somit Studierenden und Lehrenden der Politikwissenschaft und benachbarter Fächer als Einführung und erste Orientierung zum Gebrauch in Seminaren und Vorlesungen, bieten aber auch politisch Interessierten einen soliden Überblick zum Thema.

Hartmut Aden

Umweltpolitik

Bibliografische Information der Deutschen Nationalbibliothek
Die Deutsche Nationalbibliothek verzeichnet diese Publikation in der Deutschen
Nationalbibliografie; detaillierte bibliografische Daten sind im Internet über
<http://dnb.d-nb.de> abrufbar.

1. Auflage 2012

Alle Rechte vorbehalten
© VS Verlag für Sozialwissenschaften | Springer Fachmedien Wiesbaden GmbH 2012

Lektorat: Frank Schindler | Verena Metzger

Der VS Verlag für Sozialwissenschaften ist eine Marke von Springer Fachmedien.
Springer Fachmedien ist Teil der Fachverlagsgruppe Springer Science+Business Media.
www.vs-verlag.de

Das Werk einschließlich aller seiner Teile ist urheberrechtlich geschützt. Jede Verwertung außerhalb der engen Grenzen des Urheberrechtsgesetzes ist ohne Zustimmung des Verlags unzulässig und strafbar. Das gilt insbesondere für Vervielfältigungen, Übersetzungen, Mikroverfilmungen und die Einspeicherung und Verarbeitung in elektronischen Systemen.

Die Wiedergabe von Gebrauchsnamen, Handelsnamen, Warenbezeichnungen usw. in diesem Werk berechtigt auch ohne besondere Kennzeichnung nicht zu der Annahme, dass solche Namen im Sinne der Warenzeichen- und Markenschutz-Gesetzgebung als frei zu betrachten wären und daher von jedermann benutzt werden dürften.

Umschlaggestaltung: KünkelLopka Medienentwicklung, Heidelberg

Gedruckt auf säurefreiem und chlorfrei gebleichtem Papier

ISBN 978-3-531-14765-9

Inhaltsverzeichnis

Abkürzungen   9

Einleitung   11

1   *Umwelt* und *Umweltpolitik* – Begriffe, Entwicklung und Etablierung als wissenschaftliches Thema   13
    1.1   Umwelt, Ökologie und Nachhaltigkeit   14
    1.2   Entwicklung der Umweltpolitik   15
         1.2.1   Ausgangspunkt: Verstreute Einzelansätze   16
         1.2.2   Entwicklung zum eigenständigen Politikfeld   17
    1.3   Umwelt als fachwissenschaftliches Thema   21
         1.3.1   Umwelt als Thema der Politikwissenschaft   22
         1.3.2   Umwelt als Thema anderer Fachwissenschaften   23
         1.3.3   Inter- und transdisziplinäre Problemzugänge: Entwicklung einer Umweltwissenschaft?   25

2   Problemfelder der Umweltpolitik und Lösungsstrategien   27
    2.1   Luftqualität und Ruhe   28
         2.1.1   Luftverschmutzung   28
         2.1.2   Lärm   32
    2.2   Klimaveränderung und Erderwärmung   33
    2.3   Wasser   36
    2.4   Natur und Artenvielfalt   38
    2.5   Boden   39
    2.6   Gefahren und Risiken für die Umwelt durch menschliches Handeln   40
         2.6.1   Abfall   41

	2.6.2	Produktionsanlagen	43
	2.6.3	Gefährliche Stoffe	43
	2.6.4	Gentechnik	45
	2.6.5	Atomtechnologie	46
2.7		Umweltpolitik und andere Politikfelder – Konflikte und Synergien	48
	2.7.1	Wirtschafts- und Industriepolitik	48
	2.7.2	Energiepolitik	50
	2.7.3	Verkehrspolitik	52
	2.7.4	Landwirtschafts- und Fischereipolitik	53
	2.7.5	Gesundheitsschutzpolitik	54

3 Akteure, Governance-Strukturen und Steuerungsstrategien der Umweltpolitik — 55

3.1 Umweltpolitische Akteurskonstellationen im Überblick — 56
    3.1.1 Akteure im politisch-administrativen System — 56
    3.1.2 Umweltnutzer und -verschmutzer — 57
    3.1.3 Soziale Bewegungen und Umweltschutzverbände — 58

3.2 Umweltpolitik im politisch-administrativen System der Bundesrepublik Deutschland — 60
    3.2.1 Bund — 61
    3.2.2 Länder — 65
    3.2.3 Kommunen — 68
    3.2.4 Kooperativer Föderalismus: Probleme der Verflechtung und Ansätze der Föderalismusreform — 70

3.3 Umweltpolitik im europäischen und internationalen Mehrebenenkontext — 73
    3.3.1 Umweltpolitik der Europäischen Union — 73
    3.3.2 Internationale und globale Umweltpolitik — 75
    3.3.3 Verflechtungsprobleme und Synergien — 77

3.4	Governance-Formen und Steuerungsstrategien der Umweltpolitik	78
	3.4.1 Steuerung durch Umweltrecht: alte und neue Ansätze	79
	3.4.2 Steuerung durch ökonomische Anreize	81
	3.4.3 Umweltschutz durch Verfahren	84
	3.4.4 Kooperative Umweltschutzinstrumente	85
	3.4.5 Steuerung durch Information und Transparenz	87
	3.4.6 Integrative Umweltschutzkonzepte	88
3.5	Von der umweltpolitischen Idee zum Vollzug	89
	3.5.1 Umweltpolitische Problemwahrnehmung	90
	3.5.2 Die umweltpolitische Agenda: wechselnde „Konjunktur" des Umweltthemas	91
	3.5.3 Politikformulierung und Entscheidungsprozesse in der Umweltpolitik	92
	3.5.4 Wer setzt sich durch?	95
	3.5.5 Vollzug der Umweltpolitik	97
	3.5.6 Evaluation und nötigenfalls Beendigung umweltpolitischer Maßnahmen	99
4	**Ausblick: Wohin entwickelt sich die Umweltpolitik?**	101
4.1	Entwicklungsperspektiven der Umweltprobleme	101
4.2	Perspektiven der politikwissenschaftlichen Umweltforschung	102

Literaturverzeichnis — 103

Ausgewählte neuere Bücher zur Umweltpolitik (englisch- und deutschsprachig) — 113

Ausgewählte Adressen und Internetlinks zur Umweltpolitik — 119

Stichwortregister — 123

Abkürzungen

ABl.	Amtsblatt
AEUV	Vertrag über die Arbeitsweise der Europäischen Union
BBU	Bundesverband Bürgerinitiativen Umweltschutz
BfN	Bundesamt für Naturschutz
BfS	Bundesamt für Strahlenschutz
BGBl.	Bundesgesetzblatt
BImSchG	Bundes-Immissionsschutzgesetz
BLAC	Bund/Länder-Arbeitsgemeinschaft Chemikaliensicherheit
BLAG KliNa	Bund/Länder-Arbeitsgemeinschaft Klima, Energie, Mobilität – Nachhaltigkeit
BMU	Bundesministerium für Umwelt, Naturschutz und Reaktorsicherheit
BUND	Bund für Umwelt und Naturschutz in Deutschland
BVerwG	Bundesverwaltungsgericht
bzw.	beziehungsweise
CDU	Christlich Demokratische Union
CSU	Christlich Soziale Union
DNR	Deutscher Naturschutzring
DUH	Deutsche Umwelthilfe
EEA	European Environment Agency
EG	Europäische Gemeinschaft(en)
EMAS	Eco-Management and Audit Scheme
etc.	et cetera
EU	Europäische Union
EWG	Europäische Wirtschaftsgemeinschaft
f.	folgende
ff.	fortfolgende
FDP	Freie Demokratische Partei
GG	Grundgesetz
IAEA	International Atomic Energy Agency/ Internationale Atomenergie-Organisation
IPCC	International Panel on Climate Change

km	Kilometer
LABO	Bund/Länder-Arbeitsgemeinschaft Bodenschutz
LAG	Bund/Länder-Arbeitsgemeinschaft Gentechnik
LAGA	Bund/Länder-Arbeitsgemeinschaft Abfall
LAI	Bund/Länder-Arbeitsgemeinschaft für Immissionsschutz
LANA	Bund/Länder-Arbeitsgemeinschaft Naturschutz, Landschaftspflege und Erholung
LAWA	Bund/Länder-Arbeitsgemeinschaft Wasser
m^3	Kubikmeter
mg	Milligramm
NABU	Naturschutzbund Deutschland
NEPI	New Environmental Policy Instruments
NIMBY	Not in my backyard
NuR	Natur und Recht
POPs	Persistent Organic Pollutants
PVS	Politische Vierteljahresschrift
REACH	Registration, Evaluation and Authorization of Chemicals
RL	Richtlinie
s.	siehe
SPD	Sozialdemokratische Partei Deutschlands
u. a.	unter anderem/n; und andere
UBA	Umweltbundesamt
UFZ	Helmholtz-Zentrum für Umweltforschung
UN	United Nations
UNCED	UN Conference on Environment and Development
UNEP	United Nations Environment Programmme
usw.	und so weiter
UVP	Umweltverträglichkeitsprüfung
vgl.	vergleiche
VO	Verordnung
VS	Verlag für Sozialwissenschaften
WWF	World Wide Fund for Nature
z. B.	zum Beispiel
ZfU	Zeitschrift für Umweltpolitik und Umweltrecht
ZUR	Zeitschrift für Umweltrecht

Einleitung

Wozu dieses Buch? Lässt sich ein so komplexes Thema wie die Umweltpolitik in einem schmalen Bändchen abhandeln? Zu diesem Thema gäbe es wesentlich mehr zu sagen – die vielfältigen Problemstrukturen der Umweltpolitik und die umfangreiche Literatur hierzu zeigen dies. Ein Buch, das beansprucht, die Teilfelder und Probleme der Umweltpolitik mit ihren lokalen, regionalen, nationalen, supra- und internationalen Aspekten umfassend darzustellen, könnte leicht zu einem Werk von mehreren tausend Seiten werden. Dies ist indes nicht die Intention des vorliegenden Buches und der Reihe, in der es erscheint. Es soll vielmehr an die komplexe Materie *Umweltpolitik* heranführen und Orientierung bieten. Wer sich schnell informieren möchte, findet hier eine Übersicht über die wichtigsten Aspekte der Umweltpolitik. Wer tiefer in das Thema einsteigen möchte, findet Hinweise auf weiterführende Bücher, Zeitschriftenaufsätze und Internetquellen. Die kommentierten Literaturhinweise und ein Verzeichnis wichtiger Anschriften mit Internetadressen zur Umweltpolitik sowie das Stichwortregister am Ende des Buches erleichtern den Einstieg in die Suche nach weiteren Informationen.

Die Konzeption des Buches hat zu einer Konzentration auf die bundesdeutsche Umweltpolitik geführt, die im Kontext europäischer und globaler Entwicklungen dargestellt wird. Die Umweltpolitik anderer Länder kann hier nur am Rande behandelt werden, wo dies für das Verständnis der angesprochenen Aspekte der deutschen, europäischen oder globalen Umweltpolitik erforderlich ist.

Mein Dank gilt meinen Studierenden verschiedener Studiengänge in Berlin und zuvor in Hannover sowie zahlreichen Fachkolleginnen und -kollegen, die mich durch interessante Diskussionen immer wieder zur Beschäftigung mit der Umweltpolitik und dem Umweltrecht motiviert haben. Dr. Charlotte Seither, Rainer und Gesine Aden sowie meine studentischen Hilfskräfte Linda Pförtner,

Julia Boegel und Christian Franzen haben mir die Fertigstellung des Buches durch vielfältige logistische Unterstützung, u. a. bei der Materialbeschaffung und beim Korrekturlesen, bzw. durch eine kritische Kommentierung des Manuskripts ermöglicht.

Falls Sie in diesem Buch Fehler finden oder Verbesserungsvorschläge haben, bin ich für Hinweise dankbar (E-Mail: Hartmut.Aden@gmx.de).

Bonn/Berlin, Juli 2011   Hartmut Aden

1 *Umwelt* und *Umweltpolitik* – Begriffe, Entwicklung und Etablierung als wissenschaftliches Thema

In der Alltagssprache hat sich der Begriff Umwelt in den letzten Jahrzehnten fest etabliert. Für Politikforscher ist die Umweltpolitik (englisch: *Environmental Policy*) ein Politikfeld *(Policy)*, ebenso wie z. B. die Bildungs-, Landwirtschafts- oder Steuerpolitik (einführend zur Politikfeldanalyse: Blum/Schubert 2011, 26 ff.).

Wenn von Umweltpolitik die Rede ist, werden die meisten Menschen eine ungefähre Vorstellung davon haben, was gemeint ist. Bei näherem Hinsehen zeigt sich aber, dass nicht selbstverständlich ist, welche Problembereiche das Politikfeld Umwelt genau umfasst. Es gibt keine festen Definitionen des Inhalts der verschiedenen Politikfelder. Sie sind vielmehr Konstruktionen. Probleme wie die Luftverschmutzung oder der Umgang mit der Atomenergie führen in politischen Systemen zur Herausbildung institutioneller Strukturen in Form von Parlamentsausschüssen, Fachministerien, Sachverständigengremien, Gesetzen usw., wenn sie als hinreichend wichtig und dringlich wahrgenommen werden (hierzu näher in Abschnitt 3.5).

Welche Themen in der politischen, fachpraktischen und wissenschaftlichen Diskussion unter dem „Dach" eines Politikfelds gebündelt werden, hängt von mehreren Faktoren ab. Hierzu zählen sachliche Problemzusammenhänge, aber auch die politische Prioritätensetzung. So kann die Atompolitik als Teil der Umwelt- oder der Energiepolitik angesehen werden, je nachdem, ob man die Aufmerksamkeit eher auf die Umweltgefahren der Atomenergienutzung oder auf die Atomenergie als Faktor der Energieversorgung richtet. Die Klimaschutzpolitik ist ein umweltpolitisches Feld, das seit den 1990er Jahren eine so große Bedeutung erlangt hat, dass es sich möglicherweise zu einem eigenen Politikfeld mit spezifischen Akteuren und Institutionen verselbständigt (hierzu näher in Abschnitt 2.2).

1.1 Umwelt, Ökologie und Nachhaltigkeit

Ende der 1960er Jahre setzte sich der Begriff Umwelt ebenso wie der englische Parallelbegriff Environment in seiner heutigen Bedeutung in der öffentlichen Diskussion durch. In dieser Zeit entstanden fast gleichzeitig in verschiedenen Ländern und auf internationaler Ebene Problemanalysen, Konzepte und erste institutionelle Strukturen, die auf unangenehme Begleiterscheinungen der wirtschaftlichen und zivilisatorischen Entwicklung reagierten. Der rasante Ausbau der industriellen Produktion und Veränderungen der Lebensverhältnisse führten zu so gravierenden Verschmutzungen von Luft und Wasser, dass die Auswirkungen unmittelbar spürbar waren. Übel riechende Gewässer und Smog, der zu Atembeschwerden führte, gehörten in Industrieregionen zum Alltag. Wachsende Abfallmengen und schwindende Naturreserven kamen hinzu. Die ersten Ansätze für eine Umweltpolitik, die nicht nur bei Einzelproblemen ansetzt, entstanden daher nicht zufällig in hoch industrialisierten Ländern.

Mit ähnlicher Bedeutung hatten einige Fachleute bereits zuvor den Begriff Umwelt verwendet, so der Biologe und Philosoph *Jakob Johann von Uexküll*, der im Jahr 1909 eine biologische Studie mit dem Titel Umwelt und Innenwelt der Tiere veröffentlichte (von Uexküll 1909).

In der sozialwissenschaftlichen Diskussion wird der Begriff Umwelt zumeist vom Menschen her definiert. Im engeren Sinne sind die natürlichen Lebensgrundlagen die Umwelt des Menschen. Hierzu zählen neben der Natur als solcher auch die natürlichen Vorräte an Luft, Wasser und Boden.

> In einem weiteren Sinne können auch das soziale und das kulturelle Umfeld des Menschen als seine Umwelt bezeichnet werden, zu der Familie, Nachbarschaft, Freundes- und Bekanntenkreis, Erwerbsumfeld und andere Elemente des Lebensalltags zählen.

Abstrakter ist der *systemtheoretische Umweltbegriff*. Der Soziologe und Jurist *Niklas Luhmann* hat den Begriff Umwelt zur Charakterisierung dessen verwendet, was sich außerhalb eines sozialen Systems befindet. Das „Mehr", das ein System kennzeichnet, lässt sich als „Ordnungsleistung des Systems im Verhältnis zu seiner Umwelt verstehen [...]" (Luhmann 1968, 175).

In der politischen und fachlichen Diskussion ist der Begriff Umwelt mit zwei weiteren zentralen Begriffen verknüpft: *Ökologie* und *Nachhaltigkeit*.

Ökologie bezeichnet in der Biologie die Beziehungen zwischen Organismen und ihrer Umwelt (Überblick bei Mertz 2006). In der Umweltpolitik wird dieser Begriff auch als Synonym für *Umwelt*, daneben in der Begriffskombination *Politische Ökologie* verwendet (z. B. Mayer-Tasch 1999).

Nachhaltigkeit ist ein zentraler normativer Begriff der Umweltpolitik, der heute auch auf vielen anderen Feldern – manchmal inflationär – verwendet wird. In der Umweltpolitik wird er häufig in der Kombination *nachhaltige Entwicklung* (*Sustainable Development*) gebraucht. Politik und menschliches Verhalten sollen sich an der langfristigen Erhaltung der Lebensgrundlagen orientieren. Die Menschen sollen Ressourcen nur insoweit verbrauchen, als diese sich selbst regenerieren können. Vorrang haben nach dieser Zielvorstellung Konzepte, die mit Natur und Umwelt so schonend umgehen, dass auch zukünftige Generationen noch unter guten Bedingungen auf der Erde leben können. Auch eine ausgewogene Verfolgung ökologischer, ökonomischer und sozialer Belange wird zur Nachhaltigkeit gezählt (vgl. z. B. Ekardt 2008).

1.2 Entwicklung der Umweltpolitik

In den 1960er und 1970er Jahren etablierte sich die Umweltpolitik als eigenständiges Politikfeld, zuerst in Staaten wie Schweden, den USA, Kanada, den Niederlanden und wenig später auch in der Bundesrepublik Deutschland. In diesen Industriestaaten wurden die Auswirkungen menschlichen Handelns auf die Umwelt bereits früh deutlich. Auch waren die zivilgesellschaftlichen und politisch-institutionellen Strukturen dieser Staaten stark genug, um entstandene Umweltprobleme nicht nur wahrzunehmen, sondern auch konkrete Reaktionen in Nichtregierungsorganisationen, Politik, Verwaltung und Recht auszulösen.

Einzelne Elemente der Umweltpolitik gehen auf wesentlich ältere Problemfelder zurück, die lange zuvor zu politisch-administrativen Reaktionen geführt hatten. Bereits die Entwicklung der Städte im Mittelalter warf Abfall- und Abwasserprobleme auf. Die Industrialisierung führte im 19. Jahrhundert zu vielfältigen Belastungen und Gefährdungen der Umgebung. Neu war Anfang der 1970er Jahre die Zusammenfassung von Einzelproblemen zu einem eigenständigen Politikfeld, nachdem ihr Zusammenhang erkannt worden und ihre Lösung zu einem wichtigen politischen Thema geworden war (vgl. Hünemörder 2005).

1.2.1 Ausgangspunkt: Verstreute Einzelansätze

Während der Industrialisierung im 19. Jahrhundert wurden viele der Probleme spürbar, die heute von der Umweltpolitik behandelt werden. Die ersten Fabriken setzten Abgase frei, verschmutzten Gewässer und verursachten Unfallgefahren für die Menschen, die in ihnen arbeiteten. Erste politische Interventionen durch regulative Ansätze zur Begrenzung solcher Gefahren gehen auf diese Phase zurück (vgl. Wolf 1986, 31 ff.)

Auch die zunehmende Naturzerstörung durch die menschliche Zivilisation, die sich im 19. Jahrhundert parallel zur Industrialisierung weiter ausbreitete, führte bereits in dieser Phase zu ersten politischen Gegenreaktionen. Die Romantik verstärkte die Aufmerksamkeit für die Natur – auch mit verklärender Tendenz.

> Frühe Naturschutzinitiativen betrafen den Schutz typischer Geländekonstellationen vor der Nutzung als Steinbruch. Im Jahr 1836 erwarb die preußische Regierung deshalb den am Rhein bei Königswinter gelegenen Drachenfels. Im Jahr 1852 wurde die Teufelsmauer im Harzvorland unter Schutz gestellt.

In der Weimarer Reichsverfassung von 1919 erhielt der Naturschutz sogar Verfassungsrang – allerdings nur als Programmsatz ohne konkrete rechtliche Konsequenzen.

„Die Denkmäler der Kunst, der Geschichte und der Natur sowie die Landschaft genießen den Schutz und die Pflege des Staates. [...]" (Artikel 150).

Im Nationalsozialismus wurden Themen, die heute der Umweltpolitik zugerechnet werden, ideologisch vereinnahmt, insbesondere der Naturschutz (hierzu Gröning/Wolschke 1983). So veröffentlichte z. B. *Walther Schoenichen*, Direktor der *Staatlichen Stelle für Naturdenkmalpflege in Preußen*, die im Jahr 1935 nach Abschaffung des Föderalismus durch das nationalsozialistische Regime als *Reichsstelle für Naturschutz* weiterarbeitete, im Jahr 1942 ein interdisziplinär angelegtes Buch über „Naturschutz als völkische und internationale Kulturaufgabe". Darin vertrat er u. a. die These, die Romantik „als Mutterboden für die deutsche Naturschutzbewegung" wecke auch die „völkischen Abwehrkräfte gegen fremdländischen Einfluss" (Schoenichen 1942, 37).

Einige Teilfelder der heutigen Umweltpolitik gehen in Westdeutschland auf die 1950er Jahre zurück, so die Wasserpolitik. Das Wasserhaushaltsgesetz (WHG) von 1957 war zwar noch kein Umweltschutzgesetz im heutigen Sinne, regelte aber bereits den Zugriff auf die Wasserressourcen. Die Ambitionen zur Nutzung der Atomenergie für die Stromerzeugung führten 1959 zur Verabschiedung des Atomgesetzes (AtG) in seiner ersten Fassung. Die potenziellen Gefahren dieser Technik standen bereits damals im Mittelpunkt der gesetzlichen Regelungen.

1.2.2 Entwicklung zum eigenständigen Politikfeld

Fast zeitgleich entwickelte sich Anfang der 1970er Jahre auf nationaler, europäischer und internationaler Ebene ein eigenständiges Politikfeld aus den Problemkonstellationen, die unter dem Begriff *Umwelt* zusammengefasst werden. Der genaue Inhalt dieses Politikfelds kann indes je nach politischer Prioritätensetzung variieren, da nicht genau definiert ist, welche Problemfelder zu diesem Politikfeld zählen (s. oben, Einleitung zu Abschnitt 1).

Kennzeichnend für die Frühphase der Umweltpolitik waren programmatische Dokumente und erste Bemühungen um die Institutionalisierung der Umweltpolitik als eigenständiges Politikfeld. Die sozial-liberale Bundesregierung legte 1970 ein Sofortprogramm zum Umweltschutz vor, 1971 folgte ein umfangreiches Umweltprogramm (Bundestags-Drucksache VI/2710). Für manche Aspekte war zunächst nicht klar, wer die umweltpolitischen Aufgaben im föderalen System der Bundesrepublik übernehmen sollte. Durch eine Grundgesetzänderung erhielt der Bund 1972 Gesetzgebungszuständigkeiten für die Abfall- und Immissionsschutzpolitik (Luftreinhaltung und Lärmbekämpfung) und damit für Kernbereiche der Umweltpolitik (Bundesgesetzblatt I, 1972, 593). Ältere umweltrelevante Gesetze wie das Wasserhaushaltsgesetz von 1957 wurden um Umweltschutzaspekte ergänzt (zur heutigen Kompetenzverteilung s. unten, Abschnitt 3.2).

Ein Meilenstein für die Institutionalisierung einer *internationalen Umweltpolitik* war eine Konferenz, die 1972 in Stockholm stattfand. Hieraus ging u. a. das *United Nations Environment Programme* (UNEP) hervor. Damit wurde die Umweltpolitik bereits früh im System der Vereinten Nationen verankert.

Die viel beachtete Studie zu den *Grenzen des Wachstums* (*Limits of Growth*), die der *Club of Rome* als Initiative von Wissenschaftlern verschiedener Fächer im Jahr 1972 veröffentlichte, trug ebenfalls zur Etablierung des Umweltthemas in der internationalen politischen Diskussion bei. Sie warnte vor negativen Folgen des Wachstums der Bevölkerung, der Nahrungsmittelproduktion und der Umweltverschmutzung (Meadows u. a. 1972; Aktualisierung: Meadows u. a. 2004).

Zwanzig Jahre nach der Stockholm-Konferenz fand 1992 in Rio de Janeiro eine zweite globale Umweltkonferenz statt, die *UN Conference on Environment and Development* (UNCED). Diese auch als *Erdgipfel* bezeichnete Konferenz setzte neue Impulse für die internationale Umweltpolitik, insbesondere mit der *Deklaration von Rio über Umwelt und Entwicklung* sowie mit Rahmenkonventionen zum Klima- und zum Artenschutz (Biodiversität). Der Weltgipfel in

Johannesburg führte diese Diskussionen im Sommer 2002 fort. Inzwischen gibt es zahlreiche internationale Initiativen und völkerrechtliche Verträge zum Umweltschutz (mehr dazu unten, s. Abschnitt 3.3).

Auch die Europäische Wirtschaftsgemeinschaft (EWG), der Kern der heutigen Europäischen Union, entwickelte bereits in den 1970er Jahren Aktivitäten zum Politikfeld Umwelt (Überblick bei Knill 2008, 17 ff.). Zunächst ging es ihr vorrangig darum, Wettbewerbsverzerrungen im europäischen Binnenmarkt zu verhindern, die durch einzelstaatliche Umweltschutzmaßnahmen hätten entstehen können, insbesondere bei den Produktnormen (vgl. z. B. Rat der EG 1973). Wenn z. B. jeder Mitgliedstaat unterschiedliche Anforderungen an die Abgase von Kraftfahrzeugen gestellt hätte, so hätten die Hersteller für jeden Mitgliedstaat verschiedene Fahrzeuge produzieren müssen. Dies hätte den Verkauf von Fahrzeugen in andere Mitgliedstaaten erschwert oder sogar verhindert. Also waren europäische (Mindest-)Standards für die Produktzulassung erforderlich.

Im Jahr 1973 verabschiedete die EWG ein erstes Umweltaktionsprogramm – obwohl sie hierfür seinerzeit noch keine explizite Kompetenzgrundlage hatte. Auch hier standen noch die Gefahren für den Binnenmarkt im Mittelpunkt, die durch einzelstaatliche Produktnormen hätten entstehen können. Später folgten zahlreiche Initiativen und Regelungsansätze, die zwar ein breites thematisches Spektrum abdeckten, aber kein systematisch strukturiertes Politikfeld bzw. Rechtsgebiet waren (näher hierzu unten, Abschnitte 2 und 3). Für die deutsche Umweltpolitik wirkten manche dieser Ansätze innovativ, so die Einführung einer Pflicht, die Umweltverträglichkeit bestimmter Vorhaben zu prüfen (Richtlinie 85/337/EWG, später mehrfach weiterentwickelt). Erst mit der Einheitlichen Europäischen Akte zur Reform des Primärrechts (Gründungsverträge) erhielt die europäische Umweltpolitik eine eigene Grundlage im damaligen EWG-Vertrag. Auf dieser Basis erlebte die europäische Umweltpolitik in den 1990er Jahre eine dynamische Phase.

Unfälle, die zeigten, dass bestimmte Technologien und Produktionsanlagen weniger sicher waren als zuvor vermutet und behauptet, trugen zur Dynamik der Umweltpolitik bei. Im Juli 1976 entwichen giftige Gase aus einer Chemiefabrik im italienischen Seveso in der Nähe von Mailand. Durch diese Katastrophe starben Tiere, Pflanzen gingen ein und zahlreiche Menschen wurden verletzt. Die europäische und die mitgliedstaatliche Umweltpolitik reagierten mit neuen Sicherheitsvorschriften für Produktionsanlagen. Mehrfach veranlassten Pannen und Unfälle in Atomkraftwerken Diskussionen über die Umweltverträglichkeit und die Verantwortbarkeit dieser Technologie, so auch wieder im März 2011 nach den schweren Auswirkungen eines Erdbebens auf die japanische Atomanlage in Fukushima. Der Unfall im Atomreaktor Tschernobyl in der damaligen Sowjetunion (heute in der Ukraine) im April 1986 hatte katastrophale Folgen und löste eine Neubewertung der friedlichen Nutzung der Atomenergie aus. Die Umweltpolitik insgesamt erhielt durch die intensiven öffentlichen Debatten nach solchen Unfällen einen höheren Stellenwert. In der Bundesrepublik Deutschland trug der Tschernobyl-Unfall z. B. dazu bei, dass die Zuständigkeiten für umwelt- und atompolitische Fragen auf Bundesebene, die zuvor im Innenministerium angesiedelt waren, in ein eigenständiges Ministerium ausgelagert wurden (zu den komplexen und ambivalenten Hintergründen: Pehle 1998, 34 ff.).

Diese Unfälle lösten auch ein Umdenken bezüglich der Rolle des Staates beim Umweltschutz aus. Zunehmend zeigte sich, dass Umweltbelastungen nicht nur konkrete *Gefahren* verursachen, z. B. für die menschliche Gesundheit oder die Natur, sondern dass es auch weitere *Risiken* gibt, weil oft noch nicht bekannt ist, ob und ggf. wann eine Technologie zu Schäden führt.

Gefahr und *Risiko*
Der rechtliche Begriff *Gefahr*, wie er sich auch in der umweltpolitischen Diskussion etabliert hat, stammt aus dem Polizeirecht. Eine *konkrete Gefahr* liegt vor, wenn die hinreichende Wahrscheinlichkeit besteht, dass eine Sachlage in absehbarer Zeit zu einem Schaden führt.
Ein *Risiko* liegt vor, wenn das Wissen über einen eventuellen Schaden (noch) so gering ist, dass (noch) nicht absehbar ist, ob überhaupt und ggf. wann ein Schaden eintritt.

Risiken, die z. B. durch die Nutzung von gentechnisch veränderten Organismen oder neuen Chemikalien entstehen, können sich später zu Gefahren konkretisieren. Ob dies geschieht, kann aber für kürzere oder längere Zeit im Ungewissen bleiben. Heute ist weithin anerkannt, dass der Staat auch die Aufgabe hat, durch geeignete Maßnahmen solchen längerfristigen Risiken im Rahmen seiner Zukunftsvorsorge vorzubeugen (vgl. z. B. Appel 2005; Kloepfer 2004, 173 ff.; Calliess 2001, 153 ff.).

In den 1990er Jahren verloren die unmittelbar spürbaren Belastungen der Umwelt in Form von Abgasen, Wasserverschmutzung und wilden Abfalldeponien an Bedeutung, da die Umweltpolitik in Deutschland und vielen anderen Industriestaaten zu ersten Erfolgen geführt hatte. Weitere, weniger unmittelbar sichtbare Umweltprobleme fanden nun mehr Beachtung, so der Bodenschutz und insbesondere die Klimaveränderung aufgrund von Treibhausgasemissionen.

Seit den 1980er Jahren entwickelten sich in Deutschland und anderen Industriestaaten aus Umweltschutzbewegungen heraus politische Parteien, so *Bündnis 90/Die Grünen* in Deutschland (vgl. Raschke u. a. 1993; zu Frankreich und Großbritannien: Faucher 1999). Die bundesdeutschen Grünen wirkten auf Landesebene seit 1985 in verschiedenen Koalitionsregierungen mit, zumeist mit der SPD, von 1998 bis 2005 auf Bundesebene. Fast immer besetzten sie das Umweltressort, ohne sich allerdings auf das Politikfeld Umwelt zu beschränken. Parallel wurde die Umweltpolitik auch für die anderen Parteien zu einem Politikfeld mit fachlich spezialisierten Gremien und Politikern.

1.3 Umwelt als fachwissenschaftliches Thema

Umweltfragen haben sich seit den 1970er Jahren zum Thema zahlreicher Fachwissenschaften entwickelt. Die Umweltforschung ist daher inzwischen stark fachlich ausdifferenziert. Einige Institutionen sind bestrebt, die verschiedenen Einzelzugänge zu einer interdisziplinären Umweltwissenschaft zusammenzuführen.

Abbildung 1: Umwelt als fachwissenschaftliches Thema

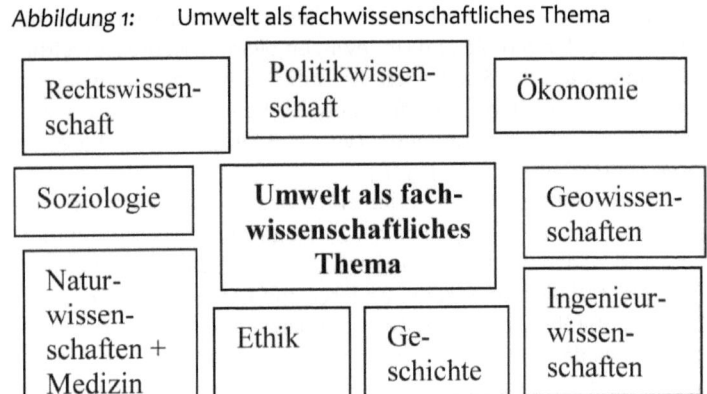

1.3.1 Umwelt als Thema der Politikwissenschaft

Die politikwissenschaftliche Umweltforschung ist primär ein Teilgebiet der *Politikfeldanalyse* oder *Policy-Forschung* (hierzu Blum/Schubert 2011; Schneider/Janning 2006). Die Umweltpolitikforschung befasst sich u. a. mit der Definition und Behandlung von Problemfeldern in politischen Systemen sowie mit politischen Entscheidungs- und Durchsetzungsprozessen auf den einzelnen Politikfeldern. Politikwissenschaftliche Umweltforschung untersucht u. a. die Inhalte und Effekte umweltpolitischer Konzepte sowie die Einflussstrukturen umweltpolitischen Entscheidens (näher hierzu unten, Abschnitt 3.5). Wie und weshalb werden Vorschläge und Positionen in Entscheidungsprozessen durchgesetzt, warum scheitern andere und welche Auswirkungen haben einmal getroffene Entscheidungen?

Gerade weil die Umweltpolitik als Politikfeld erst in den 1970er Jahren entstanden ist und seither eine erhebliche Dynamik entwickelt hat, ist sie schnell zu einem wichtigen Betätigungsfeld der empirischen Politikfeldforschung geworden (zu den zentralen Forschungslinien: Jacob u. a. 2007, 11 ff.). Daneben hat sich die Umweltpolitik zu einem empirischen Untersuchungsfeld für andere politikwissenschaftliche Teildisziplinen entwickelt, so für Forschungen zu den internationalen Beziehungen (z. B. Zürn 1998, 177 ff.), zur europäischen Integration (vgl. z. B. Knill 2008), zur Politischen Ökonomie (z. B. Brand (Hg.) 2010) oder zum Verwaltungshandeln (z. B. Pamme 2003; Dose 1997). Auch aus der Perspektive der politischen Theorie sind Fragen im Zusammenhang mit Konzepten wie Ökologie und Nachhaltigkeit aufgearbeitet worden (z. B. Dobson 2007).

Einige Universitäten und (Fach-)Hochschulen haben spezielle Professuren für Umweltpolitik eingerichtet. Die 1986 gegründete *Forschungsstelle für Umweltpolitik*, heute *Forschungszentrum für Umweltpolitik*, an der *Freien Universität Berlin* befasst sich mit der Umwelt- und Energiepolitik, im Schwerpunkt mit internationalen und vergleichenden Fragen.

In der der *Deutschen Vereinigung für Politische Wissenschaft* arbeiten Umweltpolitik-Fachleute im *Arbeitskreis Umweltpolitik/ Global Change* zusammen.

1.3.2 Umwelt als Thema anderer Fachwissenschaften

Zahlreiche weitere Wissenschaftsdisziplinen beschäftigen sich mit Umweltfragen, so die Rechtswissenschaft, die Ökonomie, die Soziologie, die Ethik, die Geschichtswissenschaft und insbesondere die Natur- und Ingenieurwissenschaften sowie die Medizin.

Das *Umweltrecht* entwickelte sich in der Bundesrepublik schnell zu einem eigenen rechtswissenschaftlichen Themenfeld, nachdem die Umweltpolitik seit den 1970er Jahren zahlreiche neue gesetzliche Regelungen hervorgebracht hatte. Da ein Großteil der umweltrechtlichen Regelungen die Frage betrifft, wie der Staat Umweltbelastungen durch rechtliche Interventionen verhindern kann, liegt der Schwerpunkt im Öffentlichen Recht. Verwaltungsgerichte sind für den Rechtsschutz zuständig. Daneben hat sich auch ein Umweltprivatrecht entwickelt, insbesondere für Haftungsfragen, die sich stellen, wenn Privatpersonen Schäden durch umweltbelastendes Verhalten von Firmen oder anderen Privatpersonen erleiden. Umweltstrafrechtliche Regelungen kamen hinzu, ohne allerdings in der Rechtspraxis eine größere Bedeutung zu erlangen. In Lehre und Forschung ist das Umweltrecht an den meisten juristischen Fakultäten vertreten, daneben an technisch-naturwissenschaftlichen Fakultäten (zu Entwicklung, Strukturen und Institutionen des Faches: Kloepfer 2004, 52 ff.).

Die *Umweltökonomie* beschäftigt sich u. a. mit den ökonomischen Voraussetzungen und Folgen des Umweltschutzes, mit den Kosten von Umweltbelastungen sowie mit der ökonomischen Optimierung von Umweltgütern (Überblick über verschiedene Ansätze bei Endres 2007 und bei Fees 2007). Umweltpolitisch einflussreich ist die von Umweltökonomen entwickelte Idee, dass Umweltgüter wie Luft, Wasser, Boden oder Natur öffentliche Güter sind, deren privatwirtschaftlicher Verbrauch gegenüber der Allgemeinheit ausgeglichen werden sollte. Auch die verstärkte Nutzung marktorientierter Steuerungsinstrumente sowie Steuern und Abgaben geht auf den Einfluss der Umweltökonomie zurück (s. u., Abschnitt 3.4).

Die *Umweltsoziologie* befasst sich mit den gesellschaftlichen Dimensionen von Umweltbelastungen und Umweltschutz. Hierzu zählen Themen wie das Umweltbewusstsein in der Bevölkerung, die Auswirkungen von Umweltproblemen auf die Menschen, die Rolle sozialer Bewegungen zu umweltpolitischen Themen oder die Ursachen und Rahmenbedingungen von Risikowahrnehmung (vgl. z. B. Groß (Hg.) 2011; Kraemer 2008, 39 ff.; Hannigan 2006; Huber 2001; Diekmann/Jaeger (Hg.) 1996; Luhmann, 1991; Beck 1986).

Die *Umweltgeschichte* thematisiert die Konstruktion und die historische Entwicklung von Umweltproblemen und Umweltpolitik (Überblickswerke: Winiwarter/Knoll 2007; Uekötter 2007). Speziellere Themen wie der Naturschutz im Nationalsozialismus fanden zunehmend Beachtung (vgl. Radkau/Uekötter (Hg.) 2003). Die *Umweltethik* befasst sich mit Fragen nach dem normativ richtigen und moralisch verantwortbaren Umgang mit Natur und Umwelt (vgl. u. a. von der Pfordten 1996; Hösle 1991; Jonas 1979).

Von großer praktischer Relevanz sind die umweltbezogenen Teildisziplinen der *Naturwissenschaften*. Dies betrifft nicht nur die Biologie, deren Fragestellungen eng mit Umweltthemen verzahnt sind. Auch in den Geowissenschaften, der Physik und der Chemie haben sich umfangreiche Forschungsgebiete entwickelt, die sich auf Umweltfragen beziehen. Die *Umweltmedizin* befasst sich mit der Prävention, Diagnose und Behandlung von Erkrankungen, die auf Umweltbelastungen zurückgehen.

Ebenso wie die naturwissenschaftliche Umweltforschung beschränken sich die *Ingenieurwissenschaften* nicht darauf, Umweltprobleme zu analysieren. Ingenieurwissenschaftliche Umweltforscher entwickeln umweltfreundlichere oder jedenfalls weniger umweltbelastende Technologien. Ihre Forschungsergebnisse tragen entscheidend dazu bei, dass Umweltschutz und Ökonomie inzwischen nicht mehr nur in Konfrontation zueinander stehen, sondern dass Umweltschutz auch zum Feld technologischer Innovation und damit zum ökonomischen Wachstumssektor geworden ist.

1.3.3 Inter- und transdisziplinäre Problemzugänge: Entwicklung einer Umweltwissenschaft?

Die Aufteilung von Umweltschutzfragen zwischen zahlreichen Wissenschaftsdisziplinen ist eine Konsequenz aus ihrer Komplexität und ihrer gewachsenen Relevanz in der politischen, gesellschaftlichen und wissenschaftlichen Wahrnehmung. Dies kann allerdings dazu führen, dass die fachlichen Einzelansätze nebeneinander stehen, ohne dass sie sich gegenseitig nutzen und befruchten. Übergreifende Zusammenhänge bleiben dann im Dunkeln.

Da dieses Problem erkannt worden ist, sind in Deutschland einige Institutionen entstanden, die sich fächerübergreifend mit Umweltfragen beschäftigen. Dies geschieht teils interdisziplinär durch die Zusammenarbeit von Forschern verschiedener Fächer, teils transdisziplinär durch die gemeinsame Bearbeitung fächerübergreifender Forschungsthemen. Zu den Institutionen fächerübergreifender Umweltforschung zählen das *Umweltbundesamt* (UBA) mit Sitzen in Dessau und Berlin im Geschäftsbereich des Bundesumweltministeriums und das *Helmholtz-Zentrum für Umweltforschung* (UFZ) mit Hauptsitz in Leipzig. Einige Universitäten und (Fach-)Hochschulen vernetzen die Umweltforschung der verschiedenen Fachrichtungen oder bieten fächerübergreifende Studiengänge zu Umweltthemen an.

Der Schwerpunkt der wissenschaftlichen Aktivitäten zu Umweltfragen liegt aber weiter in den einzelnen Fächern. Eine eigenständige transdisziplinäre Umweltwissenschaft hat sich bislang nicht entwickelt.

2 Problemfelder der Umweltpolitik und Lösungsstrategien

Das folgende Kapitel gibt einen Überblick über die Problemfelder, die unter dem Dach der Umweltpolitik zusammengefasst werden. Die damit verbundene Spezialisierung spiegelt sich in den fachpolitischen Debatten ebenso wider wie im Aufbau von Ministerien, Fachbehörden und –verbänden (näher hierzu in Abschnitt 3). Die Spezialisierung von Akteuren und Institutionen auf bestimmte Problemfelder orientiert sich u. a. an den *Umweltmedien* Luft, Wasser, Boden und Natur. Teils geht sie auf die Geschichte der Umweltpolitik zurück. Denn bereits zuvor existierende Teilstrukturen wie die Naturschutz- oder die Wasserpolitik wurden zusammen mit neuen Problemfeldern in die Umweltpolitik integriert.

Die Ausdifferenzierung der Problemlagen hat die Herausbildung umweltpolitischer Fachmaterien weiter vorangetrieben, in den letzten Jahren insbesondere durch die gewachsene Bedeutung des Klimaschutzes als umweltpolitisches Problemfeld. Diese Spezialisierung verschafft den Einzelthemen mehr Aufmerksamkeit in jeweils spezifischen Fachkreisen und Interessengruppen. Sie erfordert aber auch Anstrengungen zur Integration der Spezialgebiete, die verhindern, dass sich Maßnahmen auf den einzelnen Teilfeldern in ihren Wirkungen gegenseitig beeinträchtigen, z. B. wenn die Vermeidung von Luftverschmutzung zu neuen Abfällen aus der Abgasreinigung führt (näher zur integrativen Umweltpolitik in Abschnitt 3.4).

Abbildung 2: Struktur der Umweltpolitik

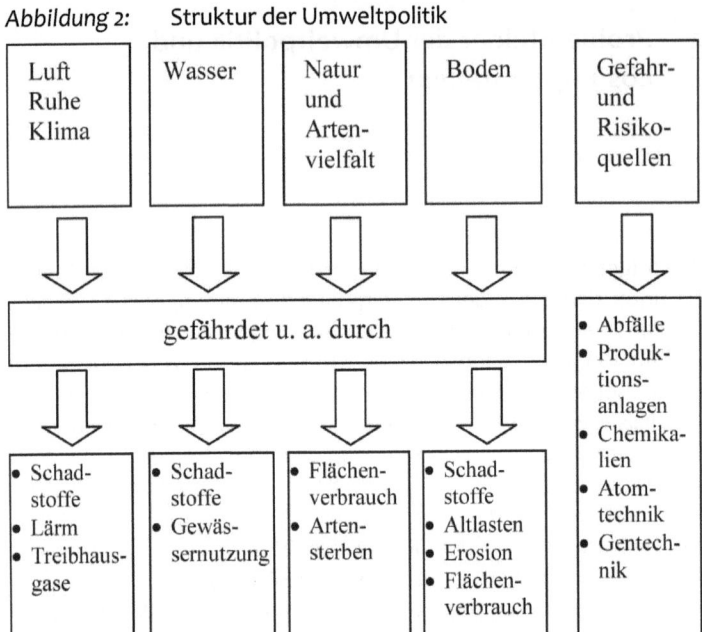

2.1 Luftqualität und Ruhe

Luftverschmutzung und Lärmbelästigungen gehen oftmals von ähnlichen Quellen aus, nämlich von Geräten, Fahrzeugen, Produktionsanlagen und weiteren Ursachen, die auf menschliches Handeln zurückgehen. Zudem sind die rechtlichen Reaktionen auf diese umweltpolitischen Problemfelder in Deutschland unter dem Dach des *Immissionsschutzes* gebündelt, so dass beide zumeist in denselben Fachkreisen behandelt werden.

2.1.1 Luftverschmutzung

Die Qualität der Luft ist für die Gesundheit der Menschen und Tiere von zentraler Bedeutung, ebenso für die Entfaltungsmöglichkeiten vieler Pflanzen.

Die Luftverschmutzung hat in den 1960er und 1970er Jahren maßgeblich zur Entstehung des Politikfeldes *Umwelt* beigetragen. Die Belastung der Luft durch Schadstoffe und Gerüche, die Wohlbefinden und Gesundheit beeinträchtigen, war besonders spürbar. Manche Luftverschmutzungen lassen sich einer bestimmten Quelle zuordnen, z. B. einem Industriebetrieb. Andere stammen aus einer Vielzahl so genannter diffuser Quellen, z. B. den privaten Heizungsanlagen, Kraftfahrzeugen, Handwerksbetrieben oder weit entfernten Produktionsanlagen.

> *Emissionen und Immissionen*
> *Emissionen* sind „die von einer Anlage ausgehenden Luftverunreinigungen, Geräusche, Erschütterungen, Licht, Wärme, Strahlen und ähnliche Erscheinungen" (§ 3 Abs. 3 BImSchG).
> *Immissionen* sind – in umgekehrter Perspektive – „auf Menschen, Tiere und Pflanzen, den Boden, das Wasser, die Atmosphäre sowie Kultur- und sonstige Sachgüter einwirkende Luftverunreinigungen, Geräusche, Erschütterungen, Licht, Wärme, Strahlen und ähnliche Umwelteinwirkungen" (§ 3 Abs. 2 BImSchG).

Umweltpolitische Gegenmaßnahmen können bei der Reduzierung der einzelnen Verschmutzungsquellen *(Emissionen)* ansetzen. Diese Strategie stand lange Zeit im Mittelpunkt der bundesdeutschen Umweltpolitik. Obwohl das einschlägige Rechtsgebiet als *Immissionsschutz* bezeichnet wird, dominierten Strategien zur Verminderung der *Emissionen* aus einzelnen Quellen.

Zunächst wurden diese Strategien für den Schutz der Nachbarschaft solcher Anlagen entwickelt, von denen Luftverschmutzungen ausgehen. So verpflichteten Immissionsschutzregelungen Industriebetriebe dazu, Schornsteine mit einer Mindesthöhe zu bauen, um ihre unmittelbare Nachbarschaft von den Einwirkungen zu verschonen (so noch heute die *Technische Anleitung zur Reinhaltung der Luft*, Ziffer 5.5.1 als einschlägige Verwaltungsvorschrift, Stand 2002). Diese Strategie erzeugte aber neue Probleme für die weitere Umgebung, insbesondere den „sauren Regen", der zu gravierenden Schädigungen der Waldbestände führte. Denn die schwefelhaltigen Abgase verteilten sich so wesentlich weiträumiger und führten zu einer für viele

Baumarten schädigenden Veränderung des Waldbodens (zu den Wirkungen: Raven/Berg/Hassenzahl 2009; Mertz 2006, 88 f.).

In den 1970er Jahren entwickelten sich Verschmutzungsgrenzwerte in der Bundesrepublik zur zentralen umweltpolitischen Strategie für die Reduzierung der Luftbelastung. Abluft aus Anlagen darf demnach bestimmte Höchstwerte an Schadstoffkonzentrationen nicht überschreiten.

> Abfallverbrennungsanlagen müssen z. B. so gebaut und betrieben werden, dass ihre Abgase die folgenden Tagesmittelwerte nicht überschreiten:

Abbildung 3: Abgasgrenzwerte für Abfallverbrennungsanlagen

Stoff	Grenzwert (mg/m^3)
Gesamtstaub	10
Organische Stoffe	10
Gasförmige anorganische Chlorverbindungen	10
Gasförmige anorganische Fluorverbindungen	1
Schwefeldioxid und Schwefeltrioxid	50
Stickstoffmonoxid und Stickstoffdioxid	200
Quecksilber und seine Verbindungen	0,03
Kohlenmonoxid	50

(§ 5 Abs. 1 Nr. 1 der 17. Verordnung zur Durchführung des Bundesimmissionsschutzgesetzes; Stand: 2009)

Mit dieser am Ende des Schornsteins oder des Rohrs (*End of Pipe*) ansetzenden Strategie lässt sich zwar der Schadstoffausstoß einer bestimmten Anlage begrenzen. Die unmittelbare Umgebung wird möglicherweise von gravierenden Belastungen verschont. Die Auswirkungen auf die Luftqualität insgesamt bleiben aber außer Betracht. Ob eine Vielzahl bereits vorhandener Anlagen in Summe zu einer hohen Belastung der Luft und damit zu erheblich höheren Schadenspotentialen für Mensch und Umwelt führt, bleibt bei rein emissionsorientierten Ansätzen unbeachtet.

Eine andere umweltpolitische Strategie zielt auf die Verbesserung der Luftqualität in einem Gebiet durch die Verringerung der dort auftretenden Luftverschmutzungen *(Immissionen)*. Diese Zielrichtung steht im Mittelpunkt zahlreicher Initiativen der europäischen Umweltpolitik. Die Emissions- und die Immissionsorientierung der umweltpolitischen Ansätze schließen sich nicht gegenseitig aus, sondern ergänzen einander (so auch Meinken 2001). Denn ohne eine Reduzierung der Emissionen aus einzelnen Quellen ist eine spürbare Verbesserung der Luftqualität in einem Gebiet mit vielen Belastungsquellen kaum denkbar. Die europäische Umweltpolitik entwickelte auf die Luftqualität bezogene Steuerungsansätze, die in der Folge auch in Deutschland implementiert werden mussten. Die so genannte Luftqualitätsrahmenrichtlinie (Richtlinie 96/62/EG) etablierte 1996 Pflichten der Mitgliedstaaten zur Kontrolle der Luftqualität.

> Spätere „Tochterrichtlinien" legten strengere Grenzwerte für einzelne Schadstoffe fest. In Deutschland sorgten insbesondere die Immissions-Grenzwerte für Feinstaub für Umsetzungsprobleme und daher für umfangreiche öffentliche Diskussionen. Viele deutsche Behörden waren trotz des langen zeitlichen Vorlaufs nicht darauf vorbereitet, dass ab dem Jahr 2005 Maßnahmen zur Reduzierung von gesundheitsschädlichem Feinstaub in Ballungsgebieten verbindlich vorgeschrieben waren. Häufige Überschreitungen der Belastungsgrenzwerte, insbesondere an stark befahrenen Straßen, waren die Folge (zu diesen Problemen z. B. Sparwasser/Stammann 2006; Haus/Zimmermann 2007).
> Die Überarbeitung der Luftqualitätsrahmenrichtlinie, die zur Verabschiedung der Richtlinie 2008/50/EG führte, war daher von Kontroversen über die weitere Handhabung dieser Grenzwerte geprägt.

Emissions- oder Immissionsgrenzwerte könnten als objektive Umsetzung technisch-naturwissenschaftlicher Erkenntnisse erscheinen. Beim näheren Hinsehen zeigt sich aber, dass ihre Festlegung in der Regel ein politischer Kompromiss zwischen einem Maximalschutz, dem technisch Machbaren und dem ist, was denjenigen, die Grenzwerte einzuhalten haben, an Anstrengungen und Kosten zugemutet werden soll (kritische Analysen bei Winter (Hg.) 1986).

Das Umweltbundesamt veröffentlicht regelmäßig Angaben über die Luftbelastung in Deutschland durch Schadstoffe, deren Messung europarechtlich vorgeschrieben ist, so für Feinstaub, Kohlenmonoxid, Ozon, Schwefeldioxid und Stickstoffdioxid. Die umfangreichen Rechts- und Verwaltungsstrukturen für die Luftreinhaltung haben dazu beigetragen, dass sich die Luftqualität in

Industriestaaten wie Deutschland wieder erheblich verbessert hat. Dennoch zeigen die vom Umweltbundesamt veröffentlichten Belastungswerte, dass gravierende Luftreinhaltungsprobleme verbleiben. Luftverschmutzungen, die erst langfristig oder erst durch ihr Zusammenwirken (Kumulativeffekt) zu Schäden führen könnten, bergen Risiken für die Zukunft.

2.1.2 Lärm

Lärm beeinträchtigt nicht nur das Wohlbefinden der Menschen, sondern kann auch Ursache gravierender Gesundheitsschäden sein. Eine längerfristige Lärmbelastung kann bei Menschen Gehörschäden, Schlafstörungen und auch Herz-Kreislauf-Erkrankungen bis hin zum Herzinfarkt auslösen. Lärm kann sich auch auf Tiere schädigend auswirken und dazu beitragen, dass lärmexponierte Bereiche von bestimmten Tierarten gemieden werden.

Der Schutz vor Lärmbelästigungen ist in Deutschland Teil des Immissionsschutzes. Im Vergleich zur Luftreinhaltung hat er immer ein Schattendasein geführt. Auch hier dominierten lange Zeit umweltpolitische Ansätze, die auf einzelne Lärmquellen als Emissionsverursacher konzentriert waren. Im Mittelpunkt standen und stehen technische Vorschriften, die Obergrenzen für den Lärm von Fahrzeugen oder Geräten festlegen.

> Eine *Verkehrslärmschutzverordnung* legt in Deutschland Höchstwerte für Verkehrslärm fest, differenziert nach Gebietstypen wie Wohn- oder Gewerbegebieten. Eine *Sportanlagenlärmschutzverordnung* definiert Richtwerte für die Lärmemissionen, die bei der Errichtung und beim Betrieb von Sportanlagen zu beachten sind. Die *Geräte- und Maschinenlärmschutzverordnung* geht auf europäische Produktnormen für die Lärmemissionen von Geräten zurück, die im Binnenmarkt vertrieben werden (basierend auf Richtlinie 2000/14/EG, geändert durch Richtlinie 2005/88/EG).

Wie bei der Luftverschmutzung geriet in Deutschland durch die Konzentration von Lärmbegrenzungsmaßnahmen auf einzelne Verursacher oft aus dem Blick, dass ein Summierungseffekt entstehen kann. Wenn auf engem Raum viele Lärmquellen zusammenwirken, z. B. mehrere Produktionsanlagen und benachbarte Straßen oder Eisenbahnlinien, kann zwar möglicherweise die einzelne Lärmquelle für sich genommen noch nicht gesundheitsschädigend sein, die Gesamtheit aber sehr wohl.

Neuere Ansätze aus der europäischen Umweltpolitik zielen daher darauf ab, die Gesamtlärmbelastung bestimmter Gebiete zu reduzieren. Die Umgebungslärmrichtlinie 2002/49/EG verfolgt das Ziel, den Lärm in Ballungsräumen und in der Nähe von besonderen Lärmquellen wie Hauptverkehrsstraßen, Haupteisenbahnstrecken und Großflughäfen zu erfassen und anschließend zu reduzieren. In Deutschland wurden zunächst 29 Ballungsräume, 17.000 km Straßen, 4.400 km Eisenbahnstrecken und neun Großflughäfen einbezogen (vgl. Bund/Länder-Arbeitsgemeinschaft Immissionsschutz 2010).

2.2 Klimaveränderung und Erderwärmung

Der Klimaschutz wird heute von vielen Fachleuten als das wichtigste, weil folgenreichste Problemfeld der Umweltpolitik eingeschätzt. Die Auswirkungen von Erderwärmung und Klimaveränderung sind nur mit zeitlicher Verzögerung spürbar. Erst in den letzten Jahrzehnten wurde daher erkannt, dass die Erderwärmung negative Auswirkungen auf das Klima und die Lebensmöglichkeiten auf der Erde hat.

Naturwissenschaftler sind zu der Erkenntnis gelangt, dass sich die Temperaturen auf der Erde über Jahrhunderte hinweg langsam veränderten, dass die Erderwärmung sich aber im 20. Jahrhundert erheblich beschleunigt hat (vgl. Solomon/Qin/Manning u. a. 2007, 100 ff.; Latif 2009, 65 ff.; Rahmstorf/Schellnhuber 2007, 29 ff.). Als Hauptursache für die Erwärmung sind Kohlendioxid (CO_2)- und andere Treibhausgasemissionen identifiziert worden, die u. a. bei Verbrennungsvorgängen und damit bei der Nutzung fossiler Energiequellen (Kohle, Öl, Gas) entstehen. Treibhausgase verstärken den natürlichen Erwärmungseffekt der Sonneneinstrahlung. Da die Einflussfaktoren auf die Temperaturen komplex sind und für die weiter zurückliegende Vergangenheit nur unvollständige Daten vorliegen, sind Einschätzungen der Erderwärmung und ihres Ausmaßes in der Vergangenheit ebenso umstritten wie die Prognosen für die Zukunft (vgl. Latif 2009, 133 ff.; zu den Kontroversen: Oberthür/Ott 2000, 35 ff.).

Zentraler Akteur bei der Bewertung wissenschaftlicher Erkenntnisse ist der *Intergovernmental Panel on Climate Change* (IPCC), der 1988 vom Umweltprogramm der Vereinten Nationen (UNEP) und der *Weltorganisation für Meteorologie* ins Leben gerufen wurde. Der IPCC hat die Aufgabe, wissenschaftliche Erkenntnisse zur Klimaveränderung weltweit zusammenzutragen und auszuwerten. Aufgrund seiner Arbeitsergebnisse setzte sich die Überzeugung durch, dass ohne politisches Gegensteuern in den kommenden Jahrzehnten eine gravierende weitere Erderwärmung zu erwarten ist (vgl. z. B. Bundesregierung 2008; Raven/Berg/Hassenzahl 2009; Rahmstorf/Schellnhuber 2007; Latif 2006 und 2009).

Welche genauen Folgen eine weitere Erderwärmung haben wird, ist nicht abschließend geklärt. Nach den heute vorliegenden Prognosen könnten längerfristig größere Weltregionen unbewohnbar werden. Wüsten und (sub-)tropische Gebiete könnten sich erheblich ausweiten. Die polaren Eisgebiete verkleinern sich; der Meeresspiegel steigt, so dass viele Inseln und küstennahe Regionen in ihrer Existenz bedroht sind. Für Deutschland wird ein geringeres Wasserangebot in zentralen Teilen Ostdeutschlands, im nordostdeutschen Tiefland und im südostdeutschen Becken prognostiziert. Die Küstenregionen könnten durch den Meeresspiegelanstieg sturmflutgefährdeter werden. Für das Rheintal werden höhere Temperaturen und Hochwassergefahren durch ein niederschlagsreicheres Klima erwartet (Bundesregierung 2008).

Ob Wetterphänomene der letzten Jahre wie verstärkt zu beobachtende Wirbelstürme und besonders heiße Sommer bereits auf die Erderwärmung zurückgehen, ist im Einzelfall umstritten. Experten gehen aber davon aus, dass die Klimaveränderung zum häufigeren Auftreten extremer Wetterlagen beitragen kann (vgl. z. B. Solomon/Qin/Manning u. a. 2007, 104; Rahmstorf/ Schellnhuber 2007, 70 ff.).

Seit Ende der 1980er Jahre gelang es Naturwissenschaftlern zunehmend, politische Entscheidungsträger von der Notwendigkeit eines Gegensteuerns zu überzeugen. Damit entwickelte sich der Klimaschutz zu dem Teilgebiet der Umweltpolitik, dem heute die größte öffentliche Aufmerksamkeit zuteil wird. Klimaschutzfragen werden heute von der globalen bis zur lokalen Ebene thematisiert.

Auf globaler Ebene wurde der Klimaschutz zum Motor der Entwicklung einer weltweiten Umweltpolitik. Hier spielt neben dem IPCC die *Klimaschutzrahmenkonvention* aus dem Jahr 1992 eine entscheidende Rolle. Um möglichst viele Staaten für die Beteiligung zu gewinnen, definierte die Rahmenkonvention noch keine konkreten Ziele und Pflichten für die Mitgliedstaaten, sondern überließ dies späteren Protokollen (zur „Arbeitsteilung" zwischen solchen Dokumenten verschiedener Verbindlichkeit und Reichweite: Aden 2002). Im Jahr 1997 verpflichtete sich eine relevante Zahl von Staaten im Kyoto-Protokoll zu konkreten, wenn auch kompromisshaften Zielen für die Reduktion der Treibhausgasemissionen bis 2012 (ausführlich hierzu Oberthür/Ott 2000). Die Einhaltung dieser Ziele erwies sich als problematisch. Die Bemühungen um die Fortschreibung der Ziele über das Jahr 2012 hinaus führten zu komplexen und schwierigen Verhandlungen, so beim Klimagipfel in Kopenhagen Ende 2009.

Die Europäische Union beteiligt sich ebenso wie ihre Mitgliedstaaten an den weltweiten Klimaschutzverhandlungen und setzt das Vereinbarte für die EU-Mitgliedstaaten in verbindliche Regelwerke um (vgl. Oberthür 2008; näher zur Rolle der EU in der Umweltpolitik unten, Abschnitt 3.3). Im Jahr 2010 richtete die Europäische Kommission eine eigenständige Generaldirektion *Klimapolitik* ein.

In Deutschland sind Bund, Länder und Gemeinden von Klimaschutzfragen betroffen, teils durch Regelungszuständigkeiten, teils durch konkrete Maßnahmen wie die Reduzierung des Energieverbrauchs öffentlicher Gebäude. Vor dem Hintergrund der Erkenntnis, dass eine weitere Erderwärmung voraussichtlich nicht völlig verhindert werden kann, wurden Anpassungsstrategien an den Klimawandel zunehmend Thema der umweltpolitischen Diskussion. Zentrale Zielsetzung ist hier die Begrenzung des Anstiegs der globalen Durchschnittstemperatur auf weniger als zwei Grad Celsius über dem vorindustriellen Niveau (vgl. Bundesregierung 2008).

2.3 Wasser

Sauberes Wasser in ausreichender Menge ist eine zentrale Grundlage für die Existenz von Menschen, Tieren und Pflanzen. Weltweit kann der Zugang zu Wasserressourcen zum Konfliktstoff werden (hierzu Lindenberg 2008).

Die Wasserreinhaltung ist keine Neuentdeckung der in den 1970er Jahren entwickelten Umweltpolitik. Spätestens während der Industrialisierung im 19. Jahrhundert wurde deutlich, dass die Verschmutzung von Gewässern für die Menschen zu einem Mangel an sauberem Wasser führen kann. Daher stellte sich schon früh die Frage, wie sich die Nutzbarkeit von Wasser sichern ließ und wer das Recht haben sollte, Wasser und Gewässer zu nutzen. Hygiene zur Vermeidung von Krankheiten und Seuchen gewann in vielen Städten an Bedeutung und führte zur Regulierung der Trinkwasserversorgung und der Abwasserbeseitigung (vgl. Winiwarter/Knoll 2007, 192 ff.).

Die Qualität der Oberflächengewässer (Flüsse, Seen usw.) und des Grundwassers ist durch mehrere Faktoren gefährdet: Hierzu zählen klar lokalisierbare Quellen wie Abwässer aus Haushalten und Betrieben, die mehr oder weniger geklärt in Gewässer geleitet werden und eine Vielzahl von Chemikalien und Krankheitserregern enthalten können. Daneben ist die Wasserqualität genauso wie die Luftqualität durch diffuse Einträge gefährdet, so durch landwirtschaftliche Dünge- und Pflanzenschutzmittel oder durch Luftverunreinigungen, die über Niederschläge in Gewässer gelangen (ausführlich zur Belastungstypologie: Raven/Berg/Hassenzahl 2009; BMU/UBA 2005). Hinzu kommt in manchen Teilen der Erde drohende Wasserknappheit, u. a. als Folge der Erderwärmung.

Die deutsche Wasserreinhaltungspolitik setzte – ähnlich wie die Luftreinhaltung und die Lärmbekämpfung – lange Zeit vorrangig bei der einzelnen Anlage an. Hierzu gehören Mindeststandards für Kläranlagen, in denen Ableitungen aus der Industrie und aus privaten Haushalten aufbereitet werden. Die Festlegung von Grenzwerten für Schadstoffeinträge in Gewässer zählt auch hier zu den zentralen umweltpolitischen Konzepten. Diese wasserpolitische Strategie trug dazu bei, dass Abwässer verstärkt gereinigt wurden. Viele Gewässer, die in den 1970er Jahren stark belastet waren und daher zur Entnahme von Trinkwasser, als Lebensraum für Tiere und Pflanzen sowie zum Baden nicht mehr geeignet waren, konnten sich so erholen. Allerdings sind viele Oberflächengewässer durch diffuse Einträge so stark belastet, dass sie von einem ökologisch guten Zustand noch weit entfernt sind (vgl. BMU/UBA 2005).

Wie bei der Luftreinhaltung zeigte der anlagenbezogene Ansatz der bundesdeutschen Umweltpolitik auch für die Wasserpolitik eine weitere Schwäche: Er vernachlässigte Summierungseffekte der Verschmutzungen aus zahlreichen Einzelquellen und diffusen Einträgen. Die Gesamtbelastung eines Gewässers wurde daher kaum beachtet. Als konsequente Fortführung des qualitätsbezogenen Ansatzes erarbeitete die europäische Umweltpolitik die so genannte *Wasserrahmenrichtlinie* 2000/60/EG. Von den herkömmlichen Ansätzen der Wasserpolitik unterscheidet sie sich dadurch, dass sie die Gesamtheit der Schadstoffquellen eines Gewässers in den Blick nimmt, indem sie Analysen und Maßnahmen vorschreibt, die sich auf das gesamte Gebiet erstrecken, aus dem das Wasser in ein Gewässer zufließt. Diese *Flussgebietseinheiten* orientieren sich folglich nicht an den Grenzen zwischen den Mitgliedstaaten oder den innerstaatlichen Verwaltungseinheiten. Die Umsetzung erfordert daher neue Formen der Verwaltungskooperation – in Deutschland zwischen den Bundesländern und mit den Nachbarländern, die ebenfalls Anrainer grenzüberschreitender Flüsse wie Rhein, Donau und Elbe sind. Die von der Richtlinie vorgesehene Bestandsaufnahme hat gezeigt, dass Gewässer und Grundwasserkörper von dem angestrebten guten chemischen und ökologischen Zustand noch ein großes Stück entfernt sind. Folglich sind noch erhebliche politische Anstrengungen erforderlich, um diese Ziele mit geeigneten Maßnahmen zu erreichen (hierzu BMU/UBA 2005; Köck 2009).

2.4 Natur und Artenvielfalt

Die Erhaltung und Erweiterung von Räumen, in denen sich Pflanzen und Tiere entfalten können, sowie die Sicherung der Artenvielfalt (Biodiversität) gehören zu den Kernelementen der Umweltpolitik. Der Naturschutz war einer der Ausgangspunkte der heutigen Umweltpolitik. Seine Vorläufer basierten teils auf romantisch-idealistischen Motiven: Die Natur sollte in ihrer Schönheit zu möglichst großen Teilen erhalten bleiben. Auch heute noch verfolgt die Naturschutzpolitik u. a. das Ziel, „die Vielfalt, Eigenart und Schönheit" sowie den „Erholungswert von Natur und Landschaft" zu schützen (so § 1 Abs. 1 Nr. 3 des Bundesnaturschutzgesetzes (Stand 2009)). Im Laufe des 20. Jahrhunderts sind der Schutz der biologischen Vielfalt sowie der Leistungs- und Funktionsfähigkeit des Naturhaushalts als weitere Ziele hinzugekommen.

Ein zentrales Instrument der Naturschutzpolitik ist die Einrichtung von Schutzgebieten, in denen menschliche Aktivitäten zugunsten der Natur beschränkt werden. Die nationale, europäische und globale Naturschutzpolitik hat eine Vielzahl von Schutzgebietskategorien definiert, u. a. Landschaftsschutzgebiete, Naturschutzgebiete, Naturparks, Biosphärenreservate und Schutzgebiete im Rahmen des europäischen Netzes „Natura 2000". Diese Kategorien unterscheiden sich bezüglich ihrer Ausdehnung und bezüglich der Intensität des Schutzes und der verbleibenden Nutzungsmöglichkeiten, z. B. für Erholungszwecke. Eingriffe in geschützte Teile von Natur und Landschaft sind nach den einschlägigen Vorschriften des deutschen und des europäischen Rechts nicht völlig ausgeschlossen, aber zu vermeiden und ggf. auszugleichen (Eingriffsregelung; Überblick bei Erbguth/Schlacke 2010, 225 ff.).

In den letzten Jahrzehnten ist die bedrohte Artenvielfalt stärker in das Blickfeld der Umweltpolitik gelangt. Die Ausbreitung der menschlichen Zivilisation sowie die Verringerung von Regenwäldern, Feuchtgebieten, Eismeeren und anderen Naturtypen führen nicht nur zur Verkleinerung der Naturräume. Sie tragen auch maßgeblich dazu bei, dass die Zahl der Arten stark zurückgeht. Viele Pflanzen- und Tierarten sind bereits ausgestorben oder vom Aussterben bedroht (Überblick bei Raven/Berg/Hassenzahl 2009).

Anlässlich der Rio-Konferenz 1992 wurde die Artenschutz-Konvention unterzeichnet, die auch als Biodiversitäts-Konvention bezeichnet wird. Die Europäische Union legte ebenfalls 1992 mit der so genannten *Flora-Fauna-Habitat-Richtlinie* (92/43/EWG) den Grundstein für ein europaweites Netzwerk („Natura 2000") von Schutzgebieten, das zur großflächigen Erhaltung von Lebensräumen für bedrohte Arten beitragen soll.

Die Artenvielfalt ist weltweit auch durch die Jagd und den Handel mit bedrohten Tier- und Pflanzenarten gefährdet. Das 1973 geschlossene *Washingtoner Artenschutzabkommen* (*Convention on International Trade in Endangered Species of Wild Fauna and Flora*, CITES) schützt ca. 5.000 Tier- und 28.000 Pflanzenarten.

2.5 Boden

Umweltbelastungen, die zu unmittelbar spürbaren Konsequenzen führen, z. B. durch unangenehme Gerüche, haben bessere Chancen schnell zu Reaktionen zu führen als solche, die eher langfristige oder zunächst nicht spürbare Folgen haben. Dies erklärt, dass Bodenbelastungen erst wesentlich später zum Thema der Umweltpolitik wurden als Wasser- oder Luftverschmutzungen.

Der Boden spielt eine wichtige Rolle, insbesondere als Lebensraum für Pflanzen und Tiere und als Wasserspeicher (näher hierzu Raven/Berg/Hassenzahl 2009). Daher ist die Bodenschutzpolitik eng mit der Naturschutz- und der Wasserpolitik verzahnt. Die natürlichen Bodenflächen verringern sich durch Baumaßnahmen (Flächenversiegelung). Andere menschliche Eingriffe verändern die Bodenstruktur auf eine für die Umwelt nachteilige Weise, z. B. Waldrodungen, die zur Erosion des Bodens führen. Manche Flächen sind heute mit Bodeneinträgen aufgrund von Industrietätigkeit belastet (Altlasten). Weitere Flächen sind durch die früher übliche Deponierung von Abfällen an einer Vielzahl ungesicherter Standorte geschädigt (Altablagerungen). Diffuse Einträge aus zahlreichen Quellen kommen hinzu, z. B. durch Luftschadstoffe, die sich im Boden ablagern, und durch die Düngung landwirtschaftlicher Flächen.

Die Flächenversiegelung durch den Bau von Straßen und Gebäuden schreitet auch heute noch stetig voran. Nach Berechnungen des Umweltbundesamtes waren im Jahr 2002 ca. 12,5 % der insgesamt in Deutschland vorhandenen Fläche durch Siedlungen und Verkehrsanlagen bedeckt. Jeden Tag wurden seinerzeit selbst bei schwacher wirtschaftlicher Konjunktur noch ca. 100 Hektar durch Verkehrs- und Siedlungsflächen versiegelt (vgl. UBA 2004; Statistisches Bundesamt 2011, 8). Flächenschonendes Planen und Bauen gehören heute zu den Maximen einer umweltschutzorientierten Politik. Darüber hinaus gibt es Initiativen zur Entsiegelung nicht mehr genutzter Flächen, z. B. Industriebrachen oder Parkplätze. Zu einer durchgreifenden Trendwende hat dies bisher aber nicht geführt.

Ein wichtiges Thema der deutschen Bodenschutzpolitik sind Altlasten, die z. B. bei industrieller Tätigkeit entstanden sind. Dabei stellt sich die Frage, wer für die Sanierung aufzukommen hat. Da Bodenverunreinigungen häufig erst sichtbar werden, wenn eine Liegenschaft nicht mehr genutzt wird, besteht das Risiko, dass letztlich der Staat und damit der Steuerzahler die Kosten zu tragen hat. Das bundesdeutsche Bodenschutzrecht hat daher einen breiten, vorrangig verursachungsorientierten Haftungsansatz gewählt, bei dem die Verursacher von Altlasten, aktuelle und frühere Eigentümer und Nutzer in Haftung genommen werden können (Überblick bei Erbguth/Schlacke 2010, 339 ff.).

Im Gegensatz zu den meisten anderen Problemfeldern der Umweltpolitik gibt es für die Bodenschutzpolitik bislang nur vereinzelte Ansätze der europäischen und internationalen Umweltpolitik (vgl. die strategischen Überlegungen der Europäischen Kommission 2006).

2.6 Gefahren und Risiken für die Umwelt durch menschliches Handeln

Manche Formen von menschlichem Handeln können sich auf die Umweltmedien Luft, Wasser und Boden zugleich auswirken. Die Abfallbeseitigung, bestimmte Produktionsanlagen und Chemikalien sowie die Gen- und Atomtechnik führen zu jeweils spezifischen Risiken und Gefahren.

2.6.1 Abfall

Der Lebens- und Arbeitsstil moderner Gesellschaften erzeugt in großem Umfang Dinge, die nicht mehr benötigt und daher von den Menschen als *Abfall* eingestuft werden. Dies gilt für private Haushalte und öffentliche Einrichtungen ebenso wie für Dienstleistungs-, Gewerbe- und Industriebetriebe. Die Abfallpolitik ist durch komplexe wirtschaftliche Interessenstrukturen geprägt: Abfälle können noch einen Wert haben und damit als Wirtschaftsgut interessant sein. Zugleich ist die Abfallentsorgung zu einem attraktiven Markt geworden, da Abfallverursacher aufgrund staatlicher Regeln die Entsorgung zu bezahlen haben. Verschiedene Formen von Verwertung und Entsorgung stehen miteinander in Konkurrenz.

Erst mit der Entwicklung einer bundesweiten Umweltpolitik in den 1970er Jahren setzte sich die Einsicht durch, dass die Bundesebene hier steuernd eingreifen sollte. Zuvor war die Abfallbeseitigung als dezentrales Problem aufgefasst worden, das vorwiegend kommunale Stellen betraf – soweit es nicht sogar den Abfallproduzenten überlassen blieb, selbst Entsorgungslösungen zu finden – z. B. durch Verbrennen oder Lagern. Im Jahr 1972 erhielt der Bund die Gesetzgebungskompetenz für Fragen der Abfallwirtschaft (Art. 74 Abs. 1 Nr. 24 GG). Zunächst stand das Ziel im Mittelpunkt, Gefahren entgegenzutreten, die durch Abfälle und ihre Entsorgung entstehen. Auch die europäische Umweltpolitik griff dieses Thema auf (vgl. z. B. Rat der EG 1973, 28-30).

International entwickelte sich der Transport von Abfällen in andere Länder zu einem wichtigen Thema der Umweltpolitik. Je teurer die Abfallentsorgung in den Industriestaaten wurde, desto attraktiver war es, Abfälle zu exportieren. Eine Entsorgung, die in den Abnehmerländern zu Gefahren für die Umwelt und die menschliche Gesundheit führte, war in vielen Fällen die Folge. Daher besteht inzwischen weitgehend Einigkeit darüber, dass Abfälle kein frei handelbares Wirtschaftsgut sind, das beliebig transportiert werden darf. Dem *Basler Übereinkommen über die Kontrolle der grenzüberschreitenden Verbringung gefährlicher Abfälle und ihrer Entsorgung* sind ca. 170 Staaten beigetreten. Trotz vorhandener Regeln besteht immer noch die Gefahr umwelt- und gesundheitsschädigender Abfallexporte, wenn sich mit den Abfällen und den in ihnen enthaltenen Rohstoffen in Ländern der Dritten Welt leicht Geld verdienen lässt. Dies gilt z. B. für Elektroaltgeräte (vgl. UBA 2010).

Beim Umgang mit Abfällen dominierten zunächst das Verbrennen ohne Abgasreinigung und die Deponierung. Beide Entsorgungsformen haben sich aufgrund der von ihnen ausgehenden Gefahren für die Umwelt und die menschliche Gesundheit erheblich gewandelt. Für Abfallverbrennungsanlagen gelten heute Abgas-Grenzwerte. Die Verwertung der bei der Verbrennung entstehenden Energie – für die Stromerzeugung oder zum Heizen – hat sich zum Standard entwickelt (vgl. UBA 2008). Deponien haben in Deutschland stark an Bedeutung verloren.

Neben der Vermeidung von Gefahren, die von Abfällen ausgehen können, wurde die Reduzierung der Abfallmengen im Laufe der Zeit zur zweiten zentralen Zielsetzung einer umweltschutzorientierten Abfallpolitik. Abfälle sollen möglichst vermieden werden, z. B. durch weniger Verpackungsmaterial und die Nutzung wiederverwendbarer Materialien und Bauteile (*Recycling*). Symbolträchtig wurde das deutsche *Abfallgesetz* in *Kreislaufwirtschafts- und Abfallgesetz* umbenannt, im Jahr 2011 in *Kreislaufwirtschaftsgesetz*. Recycling soll nicht nur durch die Etablierung einer Rückgabekultur gefördert werden, sondern auch durch die Veränderung der Produkte selbst, deren Zusammensetzung die Wiederverwertbarkeit bereits bei der Herstellung berücksichtigen soll. Wichtige Impulse kamen auch hier von der europäischen Umweltpolitik, die zur Einführung einer Pflicht zur kostenlosen Rücknahme von Fahrzeugen (RL 2000/53/EG) sowie von Elektro- und Elektronikaltgeräten (RL 2002/96/EG) führten. Diese Pflichten sollen zu einer höheren Recyclingquote beitragen und zugleich die „wilde" Entsorgung vermeiden, die droht, wenn die offizielle Entsorgung für die Verbraucher zu spürbaren Kosten führt.

2.6.2 Produktionsanlagen

Viele Produktionsanlagen bergen Risiken und Gefahren für die Umwelt und für die menschliche Gesundheit. Bereits durch den regulären Produktionsprozess entstehen Emissionen, die als Abgase, Abwasser und Lärm die nähere oder weitere Umgebung belasten. Daneben kann es in Produktionsanlagen auch zu Stör- und Unfällen kommen. Unmittelbar betroffen sind die Menschen, die in Produktionsanlagen arbeiten oder in ihrer Nähe leben. Arbeitssicherheit und Umweltschutz sind hier eng miteinander verzahnt.

Größere Unfälle wie die in Chemiefabriken im italienischen Seveso im Juli 1976, im indischen Bhopal im Dezember 1984 und in einer Feuerwerksfabrik im niederländischen Enschede im Mai 2000 brachten die Sicherheit von Produktionsanlagen auf die umweltpolitische Tagesordnung. Zahlreiche kleinere Störfälle, Unfälle und Pannen unterstrichen immer wieder die Relevanz dieses Themas.

Umweltpolitische Gegenstrategien setzen parallel auf zwei Ebenen an: Vermeidung von Störfällen durch technische Anforderungen an die Produktionsanlagen und professionelle Schadensbegrenzung, falls dennoch Störfälle auftreten. Hohe Sicherheitsstandards beim Bau und Betrieb von Produktionsanlagen tragen dazu bei, Störfälle von vornherein zu vermeiden. Hier geht es u. a. um die Brand- und Explosionssicherheit der genutzten Räumlichkeiten sowie der verwendeten Maschinen und Verfahren. Für den Fall, dass dennoch Störfälle auftreten, sind Verfahrensvorkehrungen Teil der Gegenstrategie. Hierzu zählen Notfallpläne, die Information von Behörden und Öffentlichkeit über Gefahrenquellen, aber auch Sicherheitsabstände zur nächsten Wohnbebauung. Die europäische Umweltpolitik trug mit den so genannten Seveso-Richtlinien zur Verbesserung dieser Standards bei (RL 82/501/EWG – Seveso I – und RL 96/82/EG – Seveso II).

2.6.3 Gefährliche Stoffe

Die Menschen nutzen heute zahlreiche Produkte, die ganz oder teilweise auf künstlich hergestellten Stoffen basieren. Dem Nutzen von chemischen Produkten für den zivilisatorischen Standard stehen Gefahren und Risiken gegenüber, die durch solche Stoffe entstehen können.

Manche Stoffe sind für Mensch und Umwelt gefährlich, z. B. weil sie leicht entflammbar oder gesundheitsschädigend sind. Als Reaktion darauf entstand eine Gefahrstoffpolitik mit umfangreichen rechtlichen Regelungen (ausführlicher Überblick bei Pache 2007). Um die Handelbarkeit solcher Stoffe im Binnenmarkt zu sichern, erließ die Europäische (Wirtschafts-)Gemeinschaft seit den 1960er Jahren Einstufungs-, Kennzeichnungs- und Verpackungsvorschriften für Gefahrstoffe (Richtlinie 67/548/EWG mit zahlreichen späteren Änderungen).

Manche Stoffe erwiesen sich als so gefährlich, dass sie verboten oder für den Gebrauch starken Beschränkungen unterworfen wurden. In einigen Fällen erkannten Fachleute die Gefährlichkeit erst spät, etwa weil Gesundheitsfolgen wie Krebserkrankungen oft erst nach vielen Jahren auftreten – so bei dem lange als Bau- und Isoliermaterial beliebten *Asbest*.

Als die europäischen Staaten Anfang der 1980er Jahre eine Chemikalienpolitik entwickelten, gelang es den Vertretern der einflussreichen Industriebetriebe dieses Sektors, die Regelungen so zu beeinflussen, dass bereits auf dem Markt befindliche Stoffe weitgehend von einer Risikoprüfung ausgenommen wurden. Nur neu auf den Markt kommende Stoffe mussten nun in einem der Mitgliedstaaten angemeldet und hierfür gründlich getestet werden. Es ist daher möglich, dass einige der „Altstoffe", die solchen Testpflichten nicht unterlagen, unerkannte Risiken bergen. Erst im Jahr 2006 gelang es der europäischen Umweltpolitik, einen umfassenderen Ansatz zur Registrierung, Bewertung, Zulassung und Beschränkung chemischer Stoffe durchzusetzen (REACH-Verordnung (EG) Nr. 1907/2006). Allerdings wurden die ursprünglichen Entwürfe aufgrund zahlreicher Interventionen der betroffenen Wirtschaftsverbände und sie unterstützender Regierungen abgemildert, die einen zu großen bürokratischen Aufwand und daher eine hohe Kostenbelastung befürchteten (hierzu z. B. Bale 2008, 265).

Weitere Impulse für eine umweltschutzorientierte Chemikalienpolitik gingen von der globalen Umweltpolitik aus, u. a. mit der im Jahr 2001 in Stockholm unterzeichneten Convention on Persistent Organic Pollutants (POPs).

2.6.4 Gentechnik

Die Gentechnik verändert das Erbgut von Lebewesen mit biotechnologischen Verfahren, die auf Erkenntnissen der Molekularbiologie und der Genetik beruhen. Prägend für die Gentechnikpolitik ist die Ungewissheit über das Ausmaß der durch gentechnisch veränderte Organismen verursachten Risiken oder Gefahren.

Die Gentechnikpolitik umfasst zwei Teilbereiche mit jeweils spezifischen Steuerungsansätzen: die Entwicklung und Nutzung von gentechnisch veränderten Organismen in geschlossenen Laboren und deren Freisetzung, z. B. im Rahmen der Pflanzenzucht. Beide Teilbereiche sind wegen ihrer ungewissen Auswirkungen auf Menschen und Umwelt gesellschaftlich umstritten. Manche Akteure sehen die Gentechnik als Motor des Fortschritts für Ernährung und Gesundheit und zugleich als wichtigen wirtschaftlichen Entwicklungsfaktor für die Industriestaaten. Für andere stehen die Risiken und sich daraus möglicherweise entwickelnde Gefahren sowie ethisch-moralische Bedenken im Mittelpunkt.

Solange die Herstellung gentechnisch veränderter Organismen im Labor verbleibt, sind die Risiken noch relativ gut kontrollierbar. Die Steuerungsansätze knüpfen daher an „klassische" Anforderungsprofile für die Ausübung von Berufen an, von denen Risiken oder Gefahren ausgehen können: u. a. persönliche Qualifikationsanforderungen für Betreiber und Verantwortliche sowie Sicherheitsvorkehrungen. Die einschlägigen internationalen, europäischen und deutschen Regelungen bezwecken insbesondere, dass die gentechnisch veränderten Organismen das Labor nicht unkontrolliert verlassen können (ausführlicher Überblick bei Prall 2007).

Sobald die gentechnisch veränderten Organismen freigesetzt werden sollen, z. B. bei Pflanzenversuchen, verändert sich die Risikolage. Einmal freigesetzte Organismen können nicht mehr ohne Weiteres zurückgeholt werden. Möglicherweise vermischen sie sich mit natürlichen Organismen. Entsprechend strenger sind hier die vorsorgeorientierten Regeln (hierzu Prall 2007).

Ob es zu unerwünschten Nebenfolgen oder gar gefährlichen Kettenreaktionen kommen kann, ist weitgehend ungewiss. Da sich die Risiken der Gentechnik bislang nicht zu Gefahren konkretisiert haben, wurden anfängliche Bedenken zunehmend zurückgestellt. Die praktische Bedeutung gentechnisch veränderter Organismen hat zugenommen. In manchen Teilen der Welt werden inzwischen große Mengen gentechnisch veränderter Pflanzen angebaut, insbesondere Mais und Soja. Die gesellschaftlichen und politischen Kontroversen haben sich damit auf Fragen der Lebensmittelsicherheit und der Transparenz verlagert, so bezüglich der Frage, ob Produkte, die auf gentechnisch veränderten Organismen basieren, einer Kennzeichnungspflicht unterliegen sollten (vgl. Prall 2007; Raven/Berg/Hassenzahl 2009).

2.6.5 Atomtechnologie

Die Atomtechnologie wird in der zivilen Nutzung zur Energieerzeugung verwendet. Von ihr gehen Risiken und Gefahren für die Umwelt und die menschliche Gesundheit aus. Die Atompolitik ist damit an der Schnittstelle zwischen Energie-, Umwelt- und Gesundheitspolitik angesiedelt. Heute gängige Atomkraftwerke nutzen Uran als Rohstoff für die Spaltung von Atomkernen. Daher sind auch die Begriffe *Kernkraft* oder *Kernenergie* gebräuchlich. Durch die Spaltungsprozesse werden radioaktive Strahlen freigesetzt, die für Menschen und Tiere, die ihnen ausgesetzt sind, lebensgefährlich, zumindest aber hochgradig gesundheitsschädigend sind (zu den Grundlagen: Raven/Berg/Hassenzahl 2009).

Die großen Gefahren für Leben und Gesundheit, die von atomarer Strahlung ausgehen, sind spätestens seit dem Einsatz von Atombomben im Zweiten Weltkrieg weithin bekannt. Dennoch setzte sich in den 1950er Jahren die Überzeugung durch, dass die Deckung des Energiebedarfs die friedliche Nutzung der Atomenergie erforderlich macht. In vielen Ländern wurden seit den 1960er Jahren Atomkraftwerke gebaut. Die *Internationale Atomenergie-Organisation* (*International Atomic Energy Agency, IAEA*) zählte im

Jahr 2011 weltweit 442 Atomreaktoren im Betrieb; hinzu kamen 65 im Bau.

In Deutschland ist die Nutzung der Atomenergie seit den 1970er Jahren ein beständiges gesellschaftliches Konfliktthema (zu den Hintergründen: Roose 2010). Ein Teil der heute etablierten Umweltschutzverbände und die Partei *Bündnis 90/Die Grünen* wurzeln in sozialen Bewegungen gegen die friedliche Atomkraftnutzung. Im Jahr 2000 beschloss die damalige rot-grüne Regierungsmehrheit nach Verhandlungen mit den Betreibern der Atomkraftwerke, die Nutzung der Kernenergie für die Elektrizitätserzeugung „geordnet zu beenden". Die gesetzliche Umsetzung folgte im Jahr 2002 („Atomausstieg", § 1 Nr. 1 des Atomgesetzes in der Fassung vom 27.4.2002; s. auch Abschnitt 3.4 zu dieser „kooperativen" Form der Politikformulierung). Den verbliebenen Atomkraftwerken wurden Reststrommengen zugewiesen, die noch erzeugt werden durften. Diese Mengen konnten auch auf andere Kraftwerke übertragen werden. Da nicht festgelegt wurde, wann genau und wie lange die Kraftwerke in Betrieb sein sollten, führte diese Regelung nicht zu einem festen Ausstiegsdatum. Die im Jahr 2009 gewählte CDU/CSU/FDP-Regierungsmehrheit setzte eine Verlängerung der Laufzeiten und damit eine Revision der Ausstiegsregelung aus dem Jahr 2002 durch. Nach schweren Schäden an den Reaktoren des Atomkraftwerks Fukushima (Japan) im März 2011 setzte die Bundesregierung diese Verlängerung aus und veranlasste die Abschaltung einiger älterer Reaktoren. Anfang 2011 waren in Deutschland noch 17 Atomkraftwerke betriebsbereit, in der EU 143 in 14 der 27 Mitgliedstaaten.

Im Mittelpunkt der atompolitischen Auseinandersetzungen steht die Frage, ob das Risiko, dass die friedliche Nutzung der Atomtechnik zu Unfällen führt, durch hohe technische Standards und strenge Sicherheitsanforderungen ausgeschaltet, zumindest aber stark minimiert werden kann. Unfälle wie die in Harrisburg, USA (März 1979), insbesondere Tschernobyl (heute Ukraine, April 1986) und zuletzt in Fukushima (Japan, März 2011) sowie zahlreiche weitere Störfälle machten immer wieder deutlich, dass sich Risiken hier schnell zu schweren Gefahren konkretisieren können. Manche Staaten entschieden sich im Hinblick auf die beträchtlichen verbleibenden Risiken und Gefahren, auf die Nutzung der Atomtechnik für die Energieerzeugung gänzlich zu verzichten. Andere Staaten, z. B. Frankreich, decken dagegen einen großen Teil ihres Strombedarfs mit Atomkraftwerken. Eine Änderung der Prioritäten ist hier nicht in Sicht.

Weitgehend ungeklärt ist der langfristige Verbleib der Abfälle aus Atomkraftwerken, die noch über einen extrem langen Zeitraum radioaktive Strahlung abgeben. Hier liegen gravierende Umweltrisiken für die Zukunft. Die Möglichkeit, Abfälle aus Atomkraftwerken als waffenfähiges Material zu verwenden, macht zudem erhebliche Sicherheitsvorkehrungen zur Kontrolle des Exports in andere Länder (Proliferation) erforderlich.

2.7 Umweltpolitik und andere Politikfelder – Konflikte und Synergien

Die Konfliktlinie zwischen Umweltschutz und wirtschaftlichen Interessen ist eine häufig anzutreffende umweltpolitische Interessenkonstellation. Auch mit der Energie-, der Verkehrs-, der Landwirtschaft- und der Fischereipolitik stehen umweltschützende Ziele häufig in Konflikt. Eine umweltschutzorientierte Politik versucht, Umweltbelange in Entscheidungen dieser Politikfelder zu integrieren und hoch zu gewichten (zu den entsprechenden Steuerungsstrategien s. unten, Abschnitt 3.4.6). Zwischen der Umwelt- und der Gesundheitspolitik überwiegen die gemeinsamen Zielsetzungen und damit die Synergien.

2.7.1 Wirtschafts- und Industriepolitik

Die meisten Formen wirtschaftlicher Betätigung erzeugen Umweltbelastungen, in besonderem Maße die industrielle Produktion. Häufig stoßen umweltpolitische Maßnahmen auf Widerstand von Unternehmen, Industriebranchen oder Wirtschaftsverbänden, die eine zu hohe Kostenbelastung befürchten, wenn sie ihre Produkte oder Anlagen neuen Umweltschutzanforderungen anpassen müssen. Die betroffenen Wirtschaftszweige und die nationalen oder regionalen Besonderheiten, die zur Befürwortung oder Ablehnung einer umweltpolitischen Initiative führen, können dabei von Fall zu Fall variieren.

Wettbewerbsnachteile im Vergleich zu Anbietern aus anderen Ländern oder Weltregionen dienen als Argument gegen kostspielige nationale oder europäische Umweltschutzmaßnahmen. Das Argument eines drohenden Arbeitsplatzabbaus und möglicherweise sinkender Steuerzahlungen durch zurückgehende Gewinne reicht in solchen Fällen oftmals aus, um politische Entscheidungsträger zu abgemilderten Maßnahmen oder gar zum völligen Verzicht auf ein umweltpolitisches Vorhaben zu veranlassen. Wirtschaftsverbände und einzelne große Unternehmen verfügen über personell und materiell gut ausgestattete Vertretungen in Brüssel und Berlin, wo sie versuchen, missliebige Entscheidungen zu verhindern oder abzumildern (zur Struktur der Wirtschaftsverbände in Deutschland: Lang/Schneider 2007).

Nur selten treten Wirtschaftsverbände indes als Fundamentalopposition gegen umweltpolitische Vorhaben auf. Der Umweltschutz ist auch bei (potentiellen) Kunden vorwiegend positiv besetzt. Viele Unternehmen oder Unternehmensverbände betonen daher in ihrer Öffentlichkeitsarbeit ihre Unterstützung für Umweltschutzziele. Professionelles Lobbying lotet zugleich Spielräume aus, um kostenintensive Auswirkungen des Umweltschutzes möglichst zu begrenzen.

Konfliktlagen können auch durch umweltschutzbedingte Verfahrensanforderungen entstehen (hierzu Abschnitt 3.4.3). Die umweltrechtlichen Anforderungen an Planungs- und Genehmigungsverfahren wie die Umweltverträglichkeitsprüfung für größere Vorhaben, die Öffentlichkeitsbeteiligung oder Klagen von Umweltschutzverbänden können Investitionsvorhaben verzögern oder in Einzelfällen sogar ganz verhindern.

Die Gegensätze zwischen Ökonomie und Ökologie sind aber weniger fest strukturiert als dies in manchen umweltpolitischen Auseinandersetzungen den Anschein hat. Strategien für eine umweltschutzorientierte Wirtschaftspolitik betonen die ökonomischen Wachstumsimpulse, die vom Umweltschutz ausgehen, z. B. bei der Herstellung umweltfreundlicher Produkte, von Umweltschutztechnik, beim Ausbau der Anlagen zur Erzeugung erneuerbarer Energien oder bei der energetischen Gebäudesanierung. Dieser als *Green Economy*, *ökologische Modernisierung* oder *Green New Deal* bezeichnete Trend spielt heute eine wichtige Rolle für die wirtschaftliche Entwicklung der Industriestaaten (hierzu auch Kemfert 2007; Jacob 2008). Branchen wie die Automobilindustrie „entdecken" zunehmend umweltpolitische Zielsetzungen, um mit ihren Produkten Erfolg auch bei einem umweltbewusster gewordenen Käuferpublikum zu haben (vgl. Mikler 2009).

Die europäische Umweltpolitik kann in solchen Konstellationen eine für den Umweltschutz in doppelter Hinsicht förderliche Funktion haben. Sie kann manchmal auf europäischer Ebene höhere Standards durchsetzen als Wirtschaftseinflüsse es in den Mitgliedstaaten zulassen würden. Dies wird dadurch erleichtert, dass die an europäischen Entscheidungen Beteiligten weniger abhängig von öffentlichen Diskussionen und anstehenden Wahlen sind als Politiker in den Mitgliedstaaten. Zugleich entkräftet die europäische Koordination der Umweltpolitik durch Mindeststandards – jedenfalls innerhalb des EU-Gebiets – das Argument, es drohten Wettbewerbsnachteile. Weil viele umweltpolitische Weichen heute auf EU-Ebene gestellt werden, versuchen Wirtschaftsverbände und große Unternehmen ebenso wie Umweltschutzverbände, die Entscheidungen bereits hier durch gezieltes Lobbying zu beeinflussen (hierzu Bale 2008, 263 ff.; Kraack/Pehle/Zimmermann-Steinhart 2001, 135 ff.).

2.7.2 Energiepolitik

Die Erzeugung von Strom und Wärme trägt zu mehreren Umweltproblemen bei. Fossile Brennstoffe (Öl, Kohle, Gas) sind für Luftverschmutzung und klimaschädigenden Kohlendioxidausstoß verantwortlich (ausführlich: Raven/Berg/Hassenzahl 2009). Die Atomenergienutzung ist aufgrund der Erzeugung radioaktiv strahlenden Materials mit nur schwer kalkulierbaren, langfristigen Gefahren und Risiken für Mensch und Umwelt behaftet (s. o., Abschnitt 2.6).

Im europäischen Vergleich weist die Energiepolitik der Mitgliedstaaten große Unterschiede auf, abhängig auch von der Verfügbarkeit von Energiequellen in Form von Erdöl, Kohle- oder Gasreserven. Gewachsene Unterschiede beim „Energiemix", insbesondere beim Ausmaß der Atomkraftnutzung, kommen hinzu. Wegen dieser Unterschiede haben die einzelnen europäischen Staaten großen Wert auf ihre Entscheidungshoheit auf diesem Politikfeld gelegt. Größer ist der europäische Einfluss indes bei der Struktur der Energiemärkte. Während in der Vergangenheit vorwiegend staatseigene Konzerne die Energiemärkte prägten, sind inzwischen in der EU überwiegend grenzüberschreitend liberalisierte Märkte entstanden (hierzu Kraack/Pehle/Zimmermann-Steinhart 2001, 91 ff.; Eising 2000).

Umweltschutzorientierte Strategien sind längst auch Bestandteil der Energiepolitik, insbesondere aufgrund der gewachsenen Bedeutung des Klimaschutzes. Bei konkreten Entscheidungen konkurrieren kostspielige Umweltschutzmaßnahmen aber stets mit kurz- und mittelfristigen Gewinninteressen. Die Struktur der Energiebranche ist in Deutschland durch einige wenige Konzerne mit vielen Arbeitsplätzen geprägt. Ihr Einfluss auf politische Entscheidungen ist beträchtlich. Initiativen für strengere Emissionsgrenzwerte oder stärkere Anstrengungen für den Klimaschutz stoßen daher oft auf durchsetzungsstarken Widerstand dieser Unternehmen und ihrer Verbände. Die Gründung zahlreicher neuer Anbieter, insbesondere bei der Strom- und Wärmeerzeugung aus regenerativen Quellen, und die Auslagerung von Teilen des Netzbetriebs führen aber seit einiger Zeit zu weitreichenden Veränderungen in dieser Branche.

Der Ausbau der Energieerzeugung aus erneuerbaren Quellen und die Energieeinsparung gehören zu den zentralen Elementen einer klimaschutzorientierten Energiepolitik (hierzu Edenhofer 2003). Aus der Sicht der einflussreichen Energiekonzerne sind diese Alternativen zu „klassischen" Kraftwerken ambivalent. Einerseits reduzieren sie die Absatzerwartung für Energie aus konventioneller Produktion und damit die kurzfristigen Verdienstmöglichkeiten. Andererseits haben auch die großen Stromanbieter und die Netzbetreiber im Hinblick auf einen stabilen Netzbetrieb längerfristig ein Interesse an einer reduzierten Netzgrundlast und damit insbesondere an einer Reduzierung des kontinuierlichen Verbrauchs durch Geräte, die ständig Strom benötigen (z. B. Stand-by-Geräte oder Kühlschränke). In einer mittelfristigen Perspektive, die den Ersatzbedarf für bestehende Kraftwerke mit berücksichtigt, haben die großen Konzerne auch ein Interesse an der Nutzung erneuerbarer Energiequellen. Kurzfristig ist es für sie aber lukrativer, ältere Kraftwerke, deren Investitionskosten längst abgeschrieben sind, weiter zu betreiben. Dies kann sich ändern, wenn die Umweltpolitik kostenintensive Sicherheits- und Umweltschutzauflagen für ältere Kraftwerke durchsetzt.

2.7.3 Verkehrspolitik

Mobilität ist in fast jeder Form mit Energieverbrauch verbunden und erfordert zudem Wege und damit Flächen, die der Natur ganz oder teilweise entzogen werden. Motorisierte Fahrzeuge verbrauchen überwiegend nicht erneuerbare Energien und tragen zur Luftverschmutzung, zur Kohlendioxid-Belastung und zum Alltagslärm bei (zu den Umweltbelastungen durch Verkehr: Bratzel/Tellermann 2008; Buchwald/Engelhardt (Hg.) 1999).

Umweltschutzziele und Verkehrspolitik befinden sich somit in einer komplexen Konfliktlage. Selbst eine nachhaltige, umweltschutzorientierte Verkehrspolitik zielt eher auf eine Reduzierung als auf eine völlige Vermeidung von Umweltbelastungen ab. Im Mittelpunkt steht die Förderung von Verkehrsträgern wie der Eisenbahn, die mit weniger Energie- und Flächenverbrauch auskommen – sowohl für die Mobilität der Menschen als auch für den Gütertransport. Ein wichtiges umweltpolitisches Ziel ist auch der Bau von Fahrzeugen mit weniger Schadstoffausstoß (vgl. Mikler 2009; Bratzel/Tellermann 2008).

Die europäische Integration hat mit der Entwicklung eines freien Binnenmarktes zur Ausweitung des innereuropäischen Transport- und Personenverkehrs beigetragen. Erst langsam setzte sich dabei die Einsicht durch, dass auch die europäische Verkehrspolitik umweltpolitische Belange in Projekte wie die Transeuropäischen Verkehrsnetze integrieren muss (hierzu Kraack/Pehle/ Zimmermann-Steinhart 2001, 149 ff.; Hey 1998).

2.7.4 Landwirtschafts- und Fischereipolitik

Die Landwirtschafts- und die Fischereipolitik sind in ihrem Verhältnis zur Umweltpolitik durch einen ambivalenten Mix aus Konfliktlagen und Interessenübereinstimmung geprägt.

Konfliktlagen ergeben sich dort, wo Landwirtschaft und Fischerei dem Naturschutz und anderen Umweltschutzzielen entgegenstehen (ausführlicher Überblick bei Hagedorn 2008; Haber/ Salzwedel 1992). Intensiv landwirtschaftlich genutzte Flächen eignen sich nur eingeschränkt als natürlicher Lebensraum für andere Tiere und Pflanzen. Manche Formen von Landwirtschaft führen zu Bodenerosion. Pflanzenschutzmittel und Düngung können die Natur in der Umgebung in Mitleidenschaft ziehen. Auch eine Belastung von Gewässern und Grundwasser, z. B. mit Nitrat, ist die Folge intensiver landwirtschaftlicher Flächennutzung.

Die Fischerei steht spätestens dann im Widerspruch zu Naturschutzbelangen, wenn sie die Fischbestände so stark dezimiert, dass bestimmte Arten vom Aussterben bedroht sind. Auch die Fangmethoden industriellen Fischfangs stehen unter manchen Aspekten mit dem Natur- und Artenschutz in Konflikt. Große Fangnetze oder andere Massenfanggeräte können Lebensräume am Meeresboden zerstören. Auch Tiere, die nicht Ziel der Fischerei sind, verfangen sich in den Netzen und werden zumeist als so genannter „Beifang" wieder über Bord geworfen. Viele Tiere überleben dies nicht (kritisch hierzu: Raven/Berg/Hassenzahl 2009; WWF Deutschland 2008; Bosecke 2007).

Die Landwirtschafts- und die Fischereipolitik sind durch einflussreiche Verbände geprägt, die großen Einfluss auf die politischen Positionen nehmen. Dies wirkt sich auch auf die EU-Ebene aus. Die Regierungen der Mitgliedstaaten, deren Landwirtschaft oder Fischerei Nachteile von europäischen Entscheidungen befürchten, opponieren regelmäßig gegen entsprechende Maßnahmen. Lange Zeit subventionierte die europäische Agrarpolitik eine konventionelle, an möglichst hohen Erträgen orientierte Landwirtschaft. Erst langsam gewannen Umweltschutzziele und nachhaltige Bewirtschaftungsformen an Einfluss auf diese europäischen

Politikfelder (vgl. Kraack/Pehle/Zimmermann-Steinhart 2001, 66 ff.; Bosecke 2007: 159 ff.; Hagedorn 2008, 41 f.).

Übereinstimmungen bestehen hinsichtlich eines grundsätzlichen Interesses an nachhaltigem Wirtschaften, insbesondere in längerfristiger Perspektive. Umweltschutz trägt zur Sicherung der Qualität landwirtschaftlicher Produkte bei, z. B. durch die Reduzierung des Schadstoffeintrags in Luft, Wasser und Boden. Auch die Fischerei hat in längerfristiger Perspektive ein Interesse an der Erhaltung gesunder und ausreichender Fischbestände und damit an sauberen Gewässern und nachhaltiger Fischerei.

2.7.5 Gesundheitsschutzpolitik

Zwischen der Umwelt- und der Gesundheitspolitik sind die Übereinstimmungen groß. Viele umweltpolitische Maßnahmen dienen zugleich dem Gesundheitsschutz. Kleinere Konfliktpotentiale gibt es allenfalls dort, wo das Gesundheitswesen Umweltbelastungen verursacht, z. B. in Form von gefährlichen Abfällen. Für die gemeinsamen Anliegen gibt es eine enge Abstimmung zwischen diesen Politikfeldern (vgl. UBA u. a. 2005).

Umweltpolitische Ziele haben dann besonders gute Durchsetzungschancen, wenn sie zugleich dem Schutz der menschlichen Gesundheit dienen. Dies ist insbesondere bei Maßnahmen der Fall, die sich gegen gesundheitsgefährdende Einträge in Luft, Wasser oder Böden richten. Auch für Maßnahmen gegen Lärm bilden die Gefahren für die menschliche Gesundheit eine zentrale Begründung.

3 Akteure, Governance-Strukturen und Steuerungsstrategien der Umweltpolitik

Dieses Kapitel gibt einen Überblick darüber, von wem und wie umweltpolitische Entscheidungen gestaltet oder beeinflusst werden. Ausgangspunkt sind politik- und verwaltungswissenschaftliche Theorien zu folgenden Fragen: Welche Akteure beeinflussen politische Entscheidungen? Welche setzen sich durch? Wie funktioniert Umweltpolitik in einem Mehrebenensystem, in das Europa und Deutschland eingebunden sind und in dem internationale, europäische, nationale und subnationale Ebenen zusammenarbeiten und koordiniert werden müssen? Welche Steuerungsinstrumente eignen sich für die Lösung von Umweltproblemen? Wie kann aus einer umweltpolitischen Idee eine wirksame Maßnahme werden?

Diese Analyse geht von der Prämisse aus, dass nicht nur staatliche Institutionen des Regierens und Verwaltens für die Umweltpolitik Bedeutung haben. Andere Akteure und *Governance*-Formen sind ebenfalls relevant.

Governance
Der seit einiger Zeit auch in der deutschsprachigen Diskussion verankerte Begriff *Governance* ist in seinen meisten Bedeutungsvarianten weiter gefasst als *Government* im Sinne von *Regierung* (zu den Bedeutungsvarianten von *Governance*: Benz/Dose 2010; Schuppert 2008). Trotz einer gewissen Unschärfe und Vieldeutigkeit hat der Begriff *Governance* Vorzüge. Zumeist soll er deutlich machen, dass sich neue Koordinations- und Kooperationsformen zwischen staatlichen und nicht-staatlichen Akteuren entwickelt haben. Diese sind mit herkömmlichen Kategorien wie *Regieren* nicht hinlänglich zu erfassen. Politisch-administrative *Steuerung* lässt sich als die zielgerichtete Entwicklung von Problemlösungskonzepten und deren Implementation definieren. Sie ist damit einer von mehreren Aspekten von *Governance* (vgl. auch Mayntz 2008).

3.1 Umweltpolitische Akteurskonstellationen im Überblick

Wer „macht" und wer bestimmt die Umweltpolitik in der Bundesrepublik Deutschland und in der Europäischen Union? Wie andere Politikfelder auch, hat die Umweltpolitik im Laufe der Zeit eigene institutionelle Strukturen in Form von politisch-parlamentarischen Gremien auf allen relevanten Ebenen, Behörden, Interessengruppen, Wissenschaftsstrukturen usw. hervorgebracht. Nicht-staatliche Akteure sind zunehmend in formelle oder informelle *Governance*-Strukturen eingebunden. Später, in Abschnitt 3.5, werden diese Strukturen noch einmal aufgegriffen, um zu fragen, welche Akteure und Positionen sich unter welchen Voraussetzungen in umweltpolitischen Entscheidungsprozessen durchsetzen.

3.1.1 Akteure im politisch-administrativen System

Im politisch-administrativen System hat sich im Laufe der Zeit ein themenspezifisch ausdifferenziertes Spektrum an Gremien und Behörden entwickelt.

Die deutschen *Parlamente* auf Bundes- und Landesebene sowie das Europäische Parlament haben Fachausschüsse eingerichtet, die sich mit der Umweltpolitik befassen, teils kombiniert mit verwandten Politikfeldern wie Gesundheit oder Verbraucherschutz. Auch die meisten Parlamentsfraktionen und politischen Parteien haben auf Bundes- und Landesebene umweltpolitische Fachgremien.

Umweltministerien gehören heute zu den Standardressorts der *Regierungen*, auch hier teils in Kombination mit anderen Politikfeldern (hierzu im folgenden Abschnitt 3.2). Da viele Umweltprobleme zugleich politikfeldübergreifende Querschnittsthemen sind, haben andere Ressorts wie Wirtschaft, Landwirtschaft oder Gesundheit Spiegelreferate für Umweltfragen eingerichtet. Sie koordinieren die umweltpolitischen Themen in ihren Ressorts. In der Europäischen Kommission ist die Generaldirektion Umwelt federführend für die Umweltpolitik zuständig, für die Klimapolitik seit 2010 eine neu eingerichtete eigenständige Generaldirektion. Auch hier sind diverse andere Generaldirektionen aufgrund von thematischen Berührungspunkten mit zuständig (zur EU-Umweltpolitik unten, in Abschnitt 3.3).

Verwaltungen auf allen Ebenen sind mit Umweltschutzaufgaben betraut, teils themenspezifisch ausdifferenziert. In Deutschland sind vor allem Behörden der Länder dafür zuständig, dass die Umweltpolitik in der Fläche umgesetzt wird (hierzu im folgenden Abschnitt 3.2).

Deutsche *Gerichte* verfügen in der Regel nicht über Spruchkörper, die ausschließlich für umweltrechtliche Fragen zuständig sind. Dennoch haben sie im Laufe der Zeit eine ausdifferenzierte Umwelt-Rechtsprechung hervorgebracht. Der Schwerpunkt liegt bei öffentlich-rechtlichen Fragen und damit bei den *Verwaltungsgerichten*. Diese sind immer dann zuständig, wenn Umweltbelastungen entweder vom Staat selbst ausgehen oder – in der Praxis wesentlich häufiger – durch staatliche Entscheidungen ermöglicht werden, z. B. durch Genehmigungen für neue Produktionsanlagen.

3.1.2 Umweltnutzer und -verschmutzer

Die zweite Gruppe von umweltpolitischen Akteuren umfasst alle Einzelpersonen, Unternehmen, öffentliche Einrichtungen und andere Akteure, die mit ihrem Handeln Umweltressourcen verbrauchen oder die Umwelt belasten.

Die *Bevölkerung* spielt für die Umweltpolitik eine ambivalente Rolle. Einerseits verursachen ihre zivilisatorischen Errungenschaften Umweltschäden, etwa durch Fahrzeugabgase, Flächenverbrauch oder Abfälle. Andererseits sind breite Bevölkerungskreise zugleich die Leidtragenden von Umweltbelastungen und den durch sie hervorgerufenen Gesundheitsrisiken und -gefahren.

Öffentliche Einrichtungen können als Vorbilder fungieren, wenn sie Maßnahmen ergreifen, um umweltpolitische Ziele frühzeitig und effektiv zu erreichen. Dennoch verbrauchen Behörden, Schulen, Krankenhäuser, Straßenbauverwaltungen usw. auch Umweltressourcen, erzeugen Abwässer und Abgase, Abfälle usw.

Insbesondere *produzierende Unternehmen* gehören zu den Hauptverursachern von Umweltbelastungen. Herstellungsprozesse benötigen Energie und verursachen damit Treibhausgase. Sie erzeugen oftmals weitere Abgase, Abwässer und Abfälle. Unternehmen und ihre Verbände haben einerseits ein Interesse daran, Kostenbelastungen durch Umweltschutzauflagen zu reduzieren. Andererseits hat sich Umweltschutz heute selbst zu einem relevanten Wirtschaftsfaktor entwickelt, wodurch der Gegensatz zwischen Ökonomie und Ökologie abgemildert worden ist (hierzu oben, Abschnitt 2.7).

Diese Gruppe sehr unterschiedlicher Akteure ist so diffus strukturiert, dass sie ihre umweltpolitischen Präferenzen in der Regel nicht gezielt koordinieren kann. Wo sich ihre Interessen aber überlagern, können diese Akteure *de facto* erheblichen Einfluss haben, z. B. wenn ein großer Teil der Bevölkerung ein Interesse daran hat, preisgünstigere aber stärker umweltbelastende Produkte zu kaufen und Hersteller und Händler diese Produkte vermarkten möchten. Hier kann politisches Gegensteuern durch umweltschutzorientierte Qualitätsvorschriften für die betreffenden Produkte ansetzen. Wegen des Binnenmarktes müssen solche Produktnormen allerdings in der EU koordiniert werden.

3.1.3 Soziale Bewegungen und Umweltschutzverbände

Die Umweltpolitik wird auch dadurch geprägt, dass der Umweltschutz auf Akteure angewiesen ist, die sich für die Belange von Natur, Wasser, sauberer Luft usw. einsetzen. Nur wenn sich Personen oder Gruppen finden, die sich Umweltschutzanliegen zueigen machen – sei es aus eigennützigen Interessen oder aus idealistischen Motivationen – verfügt die Umwelt über eine eigene Lobby.

In Deutschland war das Spektrum der Umweltschutzverbände zunächst von Naturschutzorganisationen geprägt, deren Wurzeln teils bis ins 19. Jahrhundert zurückreichen (zum historischen Forschungsstand: Uekötter 2007, 68 ff.). In den 1970er Jahren gründeten sich zahlreiche Bürgerinitiativen, die sich oft gegen bestimmte umweltschädigende Vorhaben richteten, z. B. gegen den Bau von Atomkraftwerken, Industrieanlagen oder neuen Autobahnen. Wenn sich solche Initiativen darauf konzentrieren, Vorhaben in der näheren Umgebung zu verhindern, werden sie auch als *Not in my Backyard (NIMBY)*-Gruppen bezeichnet.

Viele Umweltschutz-Initiativen entwickelten sich dezentral und vernetzten sich nur lose, z. B. zur Organisation von überregionalen Demonstrationen. Sie waren damit Teil der als *Umweltschutz-* oder *Ökologiebewegung* bezeichneten *sozialen Bewegung* (zur Entwicklung: Kern 2008, 106 ff.; Rucht 2007; Uekötter 2007, 76 ff.; Brand 1999). Im Jahr 1972 gründeten die umweltpolitischen Bürgerinitiativen einen Dachverband, den *Bundesverband Bürgerinitiativen Umweltschutz (BBU)*.

Aus den sozialen Bewegungen entwickelten sich einige professionell arbeitende Umweltschutzverbände und die Partei *Die Grünen*. Dadurch entstand ein breites Spektrum von Organisationen, das die gesamte umweltpolitische Themenbreite abdeckt. Teils handelt es sich um große Mitgliederverbände, teils um kampagnenorientierte Organisationen wie *Greenpeace*. Daneben gibt es Organisationen wie die *Deutsche Umwelthilfe*, deren Arbeitsschwerpunkt bei der Einflussnahme auf den politischen Prozess liegt. Alle Verbände sind europäisch und weltweit vernetzt (zu den europäischen Strukturen: Roose 2003). *Greenpeace* und der *WWF* sind weltweit tätige Organisationen, die in Deutschland vertreten sind.

Politikberatung und breit angelegte Öffentlichkeitsarbeit gehören heute zu den Tätigkeiten der großen Umweltschutzverbände. Diese Verbände finanzieren ihre Arbeit nicht mehr nur durch Mitgliedsbeiträge, sondern auch durch großflächige Spendenwerbekampagnen, manchmal auch durch Unterstützung aus öffentlichen Kassen. Umweltschutzverbände entwickeln zentral oder dezentral ein breites Spektrum an Aktivitäten. Hierzu zählen die Begleitung politischer Vorhaben als Lobby-Organisation, die Zusammenarbeit mit staatlichen Stellen in formellen oder informellen *Governance*-Strukturen wie z. B. Experten-Arbeitsgruppen sowie dezentrale Aktivitäten, z. B. zur Verbesserung des Umweltbewusstseins breiter Bevölkerungskreise. Die folgende Tabelle gibt einen Überblick über die wichtigsten bundesweit tätigen Umweltschutzverbände in Deutschland.

Abbildung 4: Auswahl von Umweltschutzverbänden in Deutschland

	Gegründet im Jahr	Arbeitsschwerpunkte	Mitgliederzahl (laut Verband)
Deutscher Naturschutzring (DNR)	1950	Dachverband der Umwelt- und Naturschutzverbände	Dachverband (96 Mitgliedsverbände)
Bund für Umwelt und Naturschutz in Deutschland (BUND)	1975	Umwelt- und Naturschutz	400.000
Naturschutzbund Deutschland (NABU)	1899	Naturschutz	420.000
Bundesverband Bürgerinitiativen Umweltschutz (BBU)	1972	Dachverband umweltpolitischer Bürgerinitiativen	Dachverband
Deutsche Umwelthilfe	1975	Umwelt- und Naturschutz	keine offizielle Angabe (kein Mitgliederverband)
Greenpeace Deutschland	1980	Umweltschutz	550.000 Fördermitglieder
Robin Wood	1982	Umweltschutz (Schwerpunkt Waldpolitik)	ca. 5.000 (mit Fördermitgliedern)
World Wide Fund For Nature (WWF), deutsche Sektion	1963	Naturschutz	(ca. 430.000 Förderer)

(Internet-Links und Anschriften unten, im Anhang)

3.2 Umweltpolitik im politisch-administrativen System der Bundesrepublik Deutschland

Im internationalen Vergleich sind die Strukturen der bundesdeutschen Umweltpolitik vor allem durch die Aufgabenverteilung zwischen den verschiedenen Politik- und Verwaltungsebenen geprägt: Bund, Länder und Kommunen. Diese Mehrebenenstruktur innerhalb des bundesdeutschen politisch-administrativen Systems ist nicht autonom, sondern von europäischen und internationalen Strukturen der Umweltpolitik abhängig und mit diesen verflochten (hierzu im nächsten Abschnitt 3.3). Die heutigen Strukturen der deutschen Umweltpolitik sind das Ergebnis eines nicht abgeschlossenen Entwicklungsprozesses. Neue Aufgaben und Nachjustierungen wie die im Rahmen der Föderalismusreform 2006 haben die Verteilung von Aufgaben und Rollen zwischen den Ebenen der Umweltpolitik im Laufe der Zeit weiterentwickelt.

3.2.1 Bund

Die Umweltpolitik wurde mit ihrer Etablierung als Politikfeld in den 1970er Jahren zugleich ein wichtiges Thema des politisch-administrativen Systems auf Bundesebene. Heute ist sie in der institutionellen Struktur der Bundespolitik fest verankert (vgl. auch Jänicke/Kunig/Stitzel 2003).

In der *Ministerialverwaltung* war die Umweltpolitik zunächst nur durch eine Abteilung im Innenministerium vertreten. Erst 1986, nach dem Atomreaktorunfall in Tschernobyl, erhielt sie ein eigenständiges Ressort unter der Bezeichnung *Bundesministerium für Umwelt, Naturschutz und Reaktorsicherheit (BMU)* (zum Gründungshintergrund: Pehle 1998, 34 ff.). Das BMU ist für die Konzeption und Koordination der Umweltpolitik auf Bundesebene zuständig, insbesondere für die Vorbereitung und Weiterentwicklung jener Felder des Umweltschutzes, für die nach dem Grundgesetz der Bund die Gesetzgebungskompetenz hat. Auch vertritt das BMU Deutschland in den europäischen und internationalen Gremien zur Umweltpolitik, teils in Zusammenarbeit mit den nachgeordneten Bundesbehörden und den Landesregierungen. Die europäischen und internationalen Aufgaben sind seit den 1980er Jahren wesentlich wichtiger und umfangreicher geworden.

Das BMU gehört zu den Ministerien, deren Hauptsitz nach dem Regierungsumzug nach Berlin im Jahr 1999 in Bonn geblieben ist. Die politische Leitungsebene und ein Teil der Fachreferate sind im Berliner Dienstsitz angesiedelt. Wie andere Bundesministerien auch, tendiert das BMU dazu, politische Grundsatzfragen leitungsnah in Berlin bearbeiten zu lassen. Anfang 2011 hatte das Ministerium ca. 750 Planstellen. Einige befristete Stellen kommen hinzu. Im Zuge linearer Personaleinsparungen in allen Ressorts verlor das BMU seit Anfang der 1990er Jahre ca. 50 Planstellen. Unterhalb der Leitungsebene ist das Ministerium in sechs Abteilungen gegliedert (s. Abbildung).

Abbildung 5: Abteilungsstruktur des Bundesministeriums für Umwelt, Naturschutz und Reaktorsicherheit

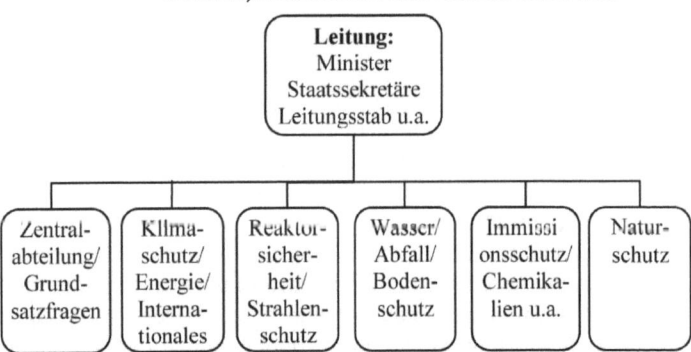

(Stand 2011 – Zusammenfassung der offiziellen Bezeichnungen)

Die Arbeitsstrukturen von *Bundestag* und *Bundesrat* orientieren sich weitgehend an den Ressorts der Bundesregierung. Fachausschüsse übernehmen die Federführung bei der Beratung von Vorlagen des jeweiligen Ressorts. Sowohl der Bundestag als auch der Bundesrat setzten im Jahr 1986, nach Einrichtung eines eigenständigen Bundesministeriums, einen *Ausschuss für Umwelt, Naturschutz und Reaktorsicherheit* ein. In der im Jahr 2009 begonnenen 17. Wahlperiode hat der Umweltausschuss des Bundestages 34 Mitglieder und gehört damit zu den größeren Ausschüssen.

Zum Geschäftsbereich des Bundesumweltministeriums gehören drei Bundesoberbehörden. Das im Jahr 1974 gegründete *Umweltbundesamt (UBA)* hatte seinen Sitz zunächst in (West-)Berlin. Seit dem Jahr 2005 befindet sich der Hauptsitz in Dessau (Sachsen-Anhalt), Außenstellen u. a. weiterhin in Berlin. Das Amt hat ca. 1.500 Mitarbeiter. Die wissenschaftliche Beratung der zuständigen

Bundesministerien und die Information der Öffentlichkeit zu Umweltschutzfragen sind die Hauptaufgaben des UBA. Für einige Umweltschutzgesetze nimmt das Amt auch Verwaltungs- und Vollzugsaufgaben wahr, so beim Handel mit Emissionsrechten und bei der Zulassung von Chemikalien und Pflanzenschutzmitteln.

Das *Bundesamt für Naturschutz (BfN)* hat seinen Hauptsitz in Bonn. Es besteht in der heutigen Form seit 1993. Vorläuferinstitutionen gab es bereits seit 1906, als in Preußen die *Staatliche Stelle für Naturdenkmalpflege* in Danzig gegründet wurde (hierzu Uekötter 2007, 21). Das heutige BfN mit ca. 340 Mitarbeitern ist vor allem eine Ressortforschungseinrichtung. Verwaltungsaufgaben nimmt es bei der Genehmigung von Ein- oder Ausführen von Arten wahr, die nach dem internationalen Artenschutzabkommen CITES geschützt sind, außerdem beim Naturschutz in der Ausschließlichen Wirtschaftszone von 12 bis 200 Seemeilen vor der Küstenlinie und bei der Genehmigung der Freisetzung gentechnisch veränderter Organismen. Dabei arbeitet es mit anderen Behörden zusammen, z. B. mit dem Zoll, der die Einfuhr geschützter Arten überwacht, und mit den Naturschutzbehörden der Länder.

Das im Jahr 1989 gegründete *Bundesamt für Strahlenschutz (BfS)* mit Hauptsitz in Salzgitter (Niedersachsen) und mehreren Außenstellen hat ca. 580 Mitarbeiter. Das BfS nimmt Verwaltungsaufgaben für die Sicherheit der Kerntechnik und der nuklearen Entsorgung sowie für den Strahlenschutz wahr. Daneben hat es auch Forschungsaufgaben.

Abbildung 6: Das Bundesministerium für Umwelt, Naturschutz und Reaktorsicherheit und sein Geschäftsbereich

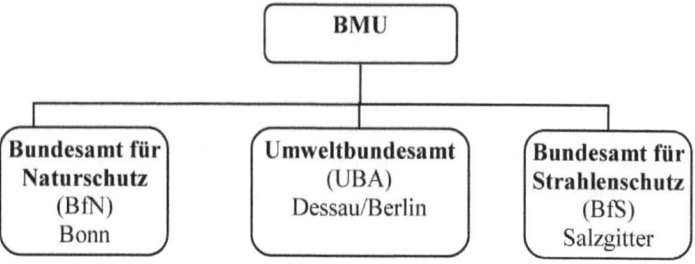

Für Teilbereiche der Umweltpolitik sind andere Bundesministerien und ihre Geschäftsbereiche federführend oder ergänzend zuständig, so das Landwirtschaftsministerium für den Agrarumweltschutz.

Mit dem Ministerium und den drei Bundesämtern verfügt der Bund über eine relativ kleine eigene Behördenstruktur für die Umweltpolitik. Die meisten Vollzugsaufgaben für die Umweltschutzgesetze des Bundes werden von den Ländern wahrgenommen.

Die Bundesgerichte spielen eine wichtige Rolle bei der einzelfallbezogenen Auslegung umweltrechtlicher Vorschriften und damit bei der Konkretisierung umweltpolitischer Entscheidungen im Streitfall. Für Fragen, die durch das Umweltrecht des Bundes geregelt sind, ist das Bundesverwaltungsgericht (BVerwG) Revisionsgericht, das rechtliche Fragen zu klären und damit für eine einheitliche Rechtsanwendung zu sorgen hat. Einige Planungsgesetze machen das BVerwG zum allein zuständigen Gericht für Tatsachen- und Rechtsfragen (Näheres bei Klöpfer 2004, 577 ff.). Seltener sind Verfahren beim Bundesgerichtshof zu Fragen des Umweltprivat- und -strafrechts. Gelegentlich kommen Verfahren auch bis zum Bundesverfassungsgericht zur Überprüfung der Vereinbarkeit umweltrechtlicher Vorschriften und ihrer Anwendungspraxis mit den Bestimmungen des Grundgesetzes.

Wissenschaftliche Expertise zum Umweltschutz ist auf Bundesebene zum einen bei den drei Bundesämtern im Geschäftsbereich des Bundesumweltministeriums gebündelt. Zum anderen hat die Bundesregierung ständige wissenschaftliche Beratungsgremien mit externen Wissenschaftlerinnen und Wissenschaftlern eingerichtet, die über eine (kleine) eigenständige Arbeitsstruktur verfügen. Der bereits 1971, also lange vor dem Bundesministerium eingerichtete *Sachverständigenrat für Umweltfragen (SRU)* bewertet regelmäßig die Entwicklung von Umweltproblemen und von umweltpolitischen Konzepten und legt hierzu Gutachten und Sonderberichte vor. Für globale Umweltfragen wie den Klimaschutz richtete die Bundesregierung im Jahr 1992 zusätzlich den *Wissenschaftlichen Beirat der Bundesregierung Globale Umweltveränderungen (WGBU)* ein, der sich ebenfalls regelmäßig mit Gutachten und Stellungnahmen zu den umweltpolitischen Fragen in seinem Zuständigkeitsbereich äußert.

Seit dem Jahr 2001 verfügt die Bundesregierung mit dem *Rat für Nachhaltige Entwicklung (Nachhaltigkeitsrat)* über ein weiteres Beratungsgremium, das u. a. mit umweltpolitischen Fragen befasst ist. Diesem während der Amtszeit von Bundeskanzler *Gerhard Schröder* ins Leben gerufenem Gremium gehören Vertreter aus verschiedenen Bereichen des öffentlichen Lebens an (Parteien, Kirchen, Unternehmen, Verbände). Es handelt sich nicht um ein wissenschaftliches Gremium.

3.2.2 Länder

Seit der Föderalismusreform 2006 liegt die Gesetzgebungskompetenz für alle zentralen Felder der Umweltpolitik beim Bund. Zuvor gab es auf den früher in Art. 75 GG genannten Feldern (u. a. Naturschutz, Raumordnung und Wasser) Rahmenregelungen des Bundes, die von den Ländern ausgefüllt werden mussten. Nun hat der Bund die Gesetzgebungskompetenz auch für diese Materien – die Länder können hierzu aber abweichende Regelungen erlassen (Art. 72 Abs. 3 GG). Daneben verbleiben ihnen Gesetzgebungszuständigkeiten in kleineren Bereichen, die vom Bund nicht abschließend geregelt sind (Überblick bei Erbguth/Schlacke 2010, 72-77).

Trotz dieser begrenzten Gesetzgebungskompetenzen sind die Länder zentrale Akteure der deutschen Umweltpolitik. Denn ihnen obliegen die wesentlichen umweltpolitischen Verwaltungs- und Vollzugsaufgaben. Das EU- und das Bundes-Umweltrecht schreiben auf den meisten Feldern der Umweltpolitik nur vor, dass bestimmte Verwaltungsaufgaben erledigt werden müssen, z. B. Genehmigungsverfahren oder Kontrollen. Bei der Gestaltung der politisch-administrativen Strukturen für diese Aufgaben sind die Länder weitgehend autonom. Daher unterscheiden sich Umweltpolitik und -verwaltung sowie die Intensität der Aufgabenwahrnehmung von Land zu Land (näher hierzu Bauer/Bogumil u. a. 2007). Je nach politischer Prioritätensetzung kann die Kontrolldichte variieren.

Jenseits der Gesetzgebungs- und Verwaltungskompetenzen haben die Länder erhebliche Gestaltungsspielräume bei der Entwicklung umweltpolitischer Initiativen in Form von Nachhaltigkeitsstrategien, Flächenmanagement, umweltschutzorientierter Verkehrsplanung, Förderprogrammen usw. (hierzu im Vergleich mit den US-Bundesstaaten: Jörgensen 2008).

Alle Landtage haben Fachausschüsse für die Umweltpolitik eingerichtet, teils kombiniert mit der Zuständigkeit für verwandte Politikfelder wie Landwirtschaft, Verbraucherschutz oder Gesundheit. Auch bei den Landesministerien überwiegt die Kombination mit unterschiedlichen anderen Materien (s. tabellarische Übersichten).

Abbildung 7: Umweltministerien und Fachausschüsse der Landesparlamente I: Baden-Württemberg bis Mecklenburg-Vorpommern (Stand: 2011)

Bundesland	Ministerium	Fachausschuss des Landesparlaments
Baden-Württemberg	Ministerium für Umwelt, Klima und Energiewirtschaft	Ausschuss für Umwelt, Klima und Energiewirtschaft
Bayern	Bayerisches Staatsministerium für Umwelt und Gesundheit	Ausschuss für Umwelt und Gesundheit
Berlin	Senatsverwaltung für Umwelt, Gesundheit und Verbraucherschutz	Ausschuss für Gesundheit, Umwelt und Verbraucherschutz
Brandenburg	Ministerium für Umwelt, Gesundheit und Verbraucherschutz	Ausschuss für Umwelt, Gesundheit und Verbraucherschutz
Bremen	Der Senator für Umwelt, Bau, Verkehr und Europa der Freien Hansestadt Bremen	Städtische Deputation für Umwelt und Energie*
Hamburg	Behörde für Stadtentwicklung und Umwelt der Freien und Hansestadt Hamburg	Umweltausschuss
Hessen	Hessisches Ministerium für Umwelt, Energie, Landwirtschaft und Verbraucherschutz	Ausschuss für Umwelt, Energie, Landwirtschaft und Verbraucherschutz
Mecklenburg-Vorpommern	Ministerium für Landwirtschaft, Umwelt und Verbraucherschutz des Landes Mecklenburg-Vorpommern	Ausschuss für Landwirtschaft, Umwelt und Verbraucherschutz

(*Besonderheit der Bremischen Bürgerschaft: Kein klassischer Parlamentsausschuss, sondern Gremium unter Beteiligung von Abgeordneten, Vertretern des Senats und anderen Fachleuten.)

Einige Länder haben Kernbereiche des Umweltschutzes in andere Ministerien ausgelagert, z. B. die Naturschutzaufgaben in das Landwirtschaftsministerium. Der Zuschnitt von Ministerien und Ausschüssen ändert sich oftmals nach Regierungswechseln, manchmal auch bei Kabinettsumbildungen.

Manche Landesumweltministerien erledigen einen Teil der Vollzugsaufgaben selbst. In anderen Ländern sind diese Aufgaben in unterschiedlich konzipierte Landesämter oder dezentrale Verwaltungen ausgelagert.

Abbildung 8: Umweltministerien und Fachausschüsse der Landparlamente II: Niedersachsen bis Thüringen

Bundesland	Ministerium	Fachausschuss des Landesparlaments
Niedersachen	Niedersächsisches Ministerium für Umwelt und Klimaschutz	Ausschuss für Umwelt und Klimaschutz
Nordrhein-Westfalen	Ministerium für Klimaschutz, Umwelt, Landwirtschaft, Natur- und Verbraucherschutz des Landes Nordrhein-Westfalen	Ausschuss für Klimaschutz, Umwelt, Naturschutz, Landwirtschaft und Verbraucherschutz
Rheinland-Pfalz	Ministerium für Umwelt, Landwirtschaft, Ernährung, Weinbau und Forsten des Landes Rheinland-Pfalz	Ausschuss für Umwelt, Forsten, Landwirtschaft, Ernährung und Weinbau
Saarland	Ministerium für Umwelt, Energie und Verkehr des Saarlandes	Ausschuss für Umwelt, Energie und Verkehr
Sachsen	Sächsisches Staatsministerium für Umwelt und Landwirtschaft	Ausschuss für Umwelt und Landwirtschaft
Sachsen-Anhalt	Ministerium für Landwirtschaft und Umwelt des Landes Sachsen-Anhalt	Ausschuss für Umwelt
Schleswig-Holstein	Ministerium für Landwirtschaft, Umwelt und ländliche Räume des Landes Schleswig-Holstein	Umwelt- und Agrarausschuss
Thüringen	Ministerium für Landwirtschaft, Naturschutz und Umwelt des Freistaates Thüringen	Ausschuss für Landwirtschaft, Forsten, Umwelt und Naturschutz

(Stand: 2011)

Die Struktur der Landesbehörden befindet sich in den meisten Bundesländern im Umbruch. Die größeren Länder haben einen dreistufigen Verwaltungsaufbau mit einer Landes-, einer Mittel- und einer dezentralen Ebene. Teils ist die Mittelebene in neuerer Zeit abgeschafft worden, z. B. in Niedersachsen (näher hierzu Bauer/Bogumil u. a. 2007, 12 ff.). Um Verwaltungskosten zu sparen, haben viele Länder die Umweltverwaltung verkleinert. Teils wurden Fachbehörden zusammengelegt oder gar aufgelöst und in allgemeine Behörden integriert. Teils wurden Aufgaben an die Kommunen übertragen oder sogar privatisiert. Angesichts der fachlichen Anforderungen an die Umweltverwaltung, deren Entscheidungen einen hohen technisch-naturwissenschaftlichen Sachverstand erfordern, ist diese Entwicklung auf Kritik gestoßen. Verwaltungsreformen, die nicht vorrangig an einer möglichst effektiven Aufgabenerledigung, sondern an Kosteneinsparungen interessiert sind, können dazu führen, dass sich das Umweltschutzniveau in Deutschland durch Vollzugsdefizite verschlechtert (ausführlich hierzu Bauer/Bogumil u. a. 2007; zur Vollzugsphase der Umweltpolitik unten, Abschnitt 3.5.5).

Die gerichtliche Kontrolle von Politik- und Verwaltungsentscheidungen zur Umweltpolitik obliegt überwiegend den Verwaltungs- und Oberverwaltungsgerichten der Länder (Näheres bei Erbguth/Schlacke 2010, 128 ff.), in geringerem Maße den anderen Gerichtszweigen für das Umweltprivat- und -strafrecht.

3.2.3 *Kommunen*

Die Kommunen (Landkreise, Städte und Gemeinden) sind in Deutschland nicht die zentralen Akteure der Umweltpolitik, haben aber erhebliche eigene Gestaltungsspielräume auf diesem Politikfeld. Im Rahmen ihrer finanziellen Möglichkeiten können sie umweltpolitische Aktivitäten zusätzlich zu den umweltrechtlichen Pflichtaufgaben entwickeln. So haben sich viele deutsche Kommunen an den weltweiten Initiativen für Lokale *Agenda 21*-Programme beteiligt (hierzu Jörgensen 2008). Diese versuchen, auf dezentraler Ebene einen Beitrag zur Umsetzung der Ziele zu leisten, die 1992 von der *UN Conference on Environment and Development* in Rio de Janeiro beschlossen wurden.

Die Kommunen können manche Umweltschutzanforderungen durch Satzungen konkretisieren (ausführlich hierzu die Beiträge in Lübbe-Wolff/Wegener (Hg.) 2002). Die Planungsaufgaben für die Bebauung sowie für Grün- und Erholungsflächen sind zu großen Teilen auf kommunaler Ebene angesiedelt. Hier entscheiden die Kommunen im Rahmen bundes-, landes- und europarechtlicher Vorgaben auch über umweltpolitische Weichenstellungen, z. B. wie viele Flächen durch Straßen oder Gebäude versiegelt werden, wo neue Grünanlagen entstehen und welche Bäume geschützt werden sollen. Viele Planungsvorhaben im Bau- und Infrastrukturbereich (Bebauungspläne; Planung von Straßen und Wegen) stehen in Konflikt mit Umweltschutzbelangen. Rechtlich handelt es sich um Abwägungsentscheidungen, in die alle relevanten Aspekte gleichermaßen einzustellen sind (ausführlich: Bunge 2002). Kommunalpolitisch geht dem oftmals die Frage voraus, inwieweit sich der Umweltschutz gegen einflussreiche Interessenvertreter durchsetzen kann, die neue Baugebiete oder Straßen wünschen.

Weitere Aufgaben haben die Kommunen in der Abfall- und Wasserpolitik. Im Rahmen der landes-, bundes- und europarechtlichen Vorgaben legen sie in Satzungen fest, wie die Müllabfuhr und die Abwasserentsorgung organisiert werden sollen – unabhängig davon, ob sie diese Aufgaben selbst wahrnehmen oder Privatfirmen damit beauftragt sind. Aufgrund ihrer Bestrebungen, Verwaltungskosten einzusparen, haben einige Bundesländer den Kommunen zusätzliche Aufgaben beim Vollzug von Umweltschutzgesetzen übertragen (kritisch hierzu Bauer/Bogumil u. a. 2007; s. auch oben, im vorigen Abschnitt 3.2.2).

Neue Umweltschutzaufgaben sind den Kommunen auch dort zugewachsen, wo das europäische Umweltrecht planerische Elemente zur Reduzierung von Umweltbelastungen verlangt, so beim Feinstaub und beim Umgebungslärm (vgl. Haus/Zimmermann 2007). Hier bleibt es den Kommunen überlassen, Pläne für die Reduzierung solcher Belastungen zu entwickeln und umzusetzen, z. B. durch Umweltzonen, die nur von abgasarmen Fahrzeugen befahren werden dürfen.

In größeren Kommunen verfügen die Kommunalparlamente über Umweltausschüsse, die Verwaltungen über Umweltabteilungen.

3.2.4 Kooperativer Föderalismus: Probleme der Verflechtung und Ansätze der Föderalismusreform

Die verschiedenen Politik- und Verwaltungsebenen in Deutschland stehen nicht unabhängig nebeneinander, sondern sind miteinander verflochten. Bund, Länder und Kommunen müssen daher im Interesse einer effektiven Aufgabenerledigung eng miteinander kooperieren.

Die meisten Probleme lassen sich, gerade beim Umweltschutz, nicht eindeutig einer politisch-geographischen Ebene zuordnen. Z. B. können die Kommunen bei ihrer Flächennutzungs- und Bauplanung Wichtiges für den Naturschutz bewirken. Doch lässt sich erst für größere Gebiete beurteilen, welche Arten bedroht und welche Maßnahmen erforderlich sind, um bedrohten Arten wieder eine stärkere Ausbreitung zu ermöglichen. Noch stärker verflochten ist die Umweltpolitik der verschiedenen politisch-geographischen Ebenen bei der Luft- und Wasserreinhaltung, wo Schadstoffeinträge oftmals negative Auswirkungen in weit entfernten Gebieten haben. Daher sind die Umweltschutzfragen auf den verschiedenen politisch-administrativen Ebenen eng miteinander verflochten.

Ein föderales System, bei dem politische Entscheidungskompetenzen und Verwaltungsaufgaben zwischen mehreren geographischen Ebenen verteilt sind, bietet Chancen, politisch-administrative Probleme jeweils auf der am besten geeigneten Ebene zu lösen. Solange alle Beteiligten „an einem Strang ziehen", ist die gleichzeitige Zuständigkeit verschiedener Ebenen für eine problemlösungsorientierte Politik nicht schädlich. Unter Umständen ist die Verflechtung sogar nützlich, weil sich mehr Akteure um das Problem kümmern. Vertreter von Umweltschutzbelangen können ihren Anliegen im bundesdeutschen Mehrebenensystem parallel auf mehreren Ebenen Gehör verschaffen. De facto bestimmt aber nicht allein das Ziel einer möglichst optimalen Problemlösung die

Verteilung der politisch-administrativen Kompetenzen. Vielmehr spielen Machtinteressen, Finanzierungsfragen sowie tradierte Politik- und Verwaltungsstrukturen eine mindestens ebenso wichtige Rolle. Ob föderale Mehrebenenstrukturen für den Umweltschutz förderlich oder hinderlich sind, hängt daher von einer Reihe weiterer Faktoren ab, u. a. von der Intensität der Einbindung von Interessengruppen in (umwelt-)politische Entscheidungsprozesse (zu den Einflussfaktoren in vergleichender Perspektive: Jahn/Wälti 2007).

Der *kooperative Föderalismus*, der das bundesdeutsche System prägt, hat ein Netzwerk von Kooperations- und Koordinationsgremien von Bund und Ländern hervorgebracht, die für die Umweltpolitik in der Lage sind, eine sachorientierte Koordinationsarbeit zu leisten. Zentrale Koordinationsfunktionen übernehmen die *Konferenz der Umweltminister des Bundes und der Länder (Umweltministerkonferenz)* und ihre Facharbeitsgruppen zu einzelnen Feldern der Umweltpolitik (s. Abbildung)

Sobald Uneinigkeit besteht, können verflochtene politisch-administrative Entscheidungsstrukturen die Problemlösung verlangsamen, möglicherweise sogar vollständig „lahm legen". Dies zeigen z. B. die relativ oft vorkommenden Phasen, in denen die politischen Mehrheiten im Bundestag und Bundesrat voneinander abweichen. Kompromisse über Gesetzgebungsvorhaben kommen dann oftmals nur nach langwierigen Verhandlungen unter Einschaltung des Vermittlungsausschusses zustande (hierzu Benz 2009, 103 ff.).

Auch kann die Zuständigkeit für Entscheidungen diffus zwischen verschiedenen Akteuren auf mehreren Ebenen verteilt sein, so dass die Verantwortung für Fehlentwicklungen und -entscheidungen nicht mehr klar zuzuordnen ist. Dies war ein Grund für die Abschaffung der Rahmengesetzgebungskompetenz des Bundes für die Raumordnung, das Wasserrecht und den Naturschutz durch die Föderalismusreform 2006. Da diese Materien seit einiger Zeit stark durch europäische Richtlinien geprägt sind, führte die Umsetzung der Zielvorgaben zunächst in die Rahmengesetzgebung des Bundes und später in die Gesetzgebung aller 16 Bundesländer regelmäßig zu Verzögerungen und daher zu Problemen mit der

Europäischen Kommission. Ob mit der neuen Kompetenzverteilung tatsächlich eine Entflechtung der Zuständigkeiten erreicht und die Umweltpolitik damit effektiver wird, bleibt abzuwarten.

Abbildung 9: Umweltpolitische Bund-Länder-Arbeitsgruppen

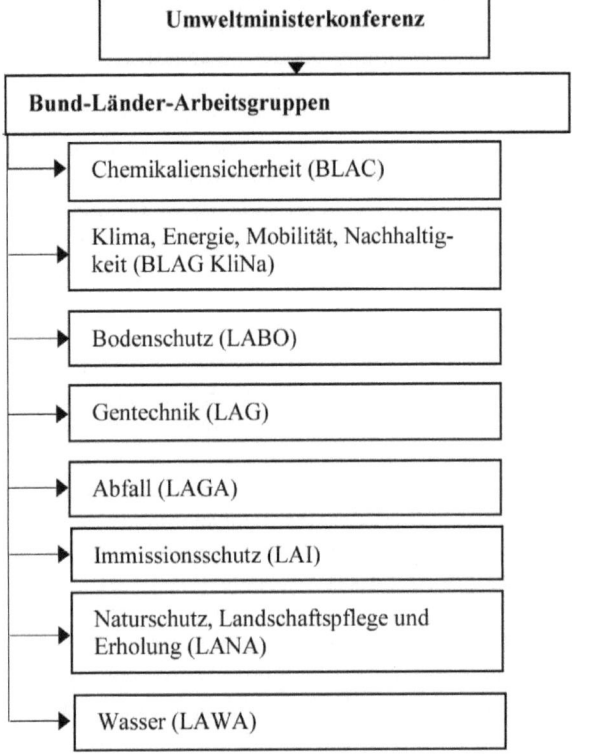

(zu den Kurzbezeichnungen: s. Abkürzungsverzeichnis)

Uneinigkeit zwischen den Ländern kann schließlich auch dazu führen, dass einheitliche bundesgesetzliche Umweltschutzvorgaben in den Ländern unterschiedlich vollzogen werden.

3.3 Umweltpolitik im europäischen und internationalen Mehrebenenkontext

Umweltpolitik ist bereits aufgrund der Problemstruktur von Umweltschutzfragen nicht auf den Zuständigkeitsbereich eines Staates beschränkt. Problemfelder wie die Erderwärmung, die Meeresverschmutzung, Industrieabgase oder die Verschmutzung von Flüssen machen deutlich, dass Umweltprobleme nicht an politischen Grenzen aufhören (ausführlich hierzu Speth/Haas 2006, 12 ff.). Bereits seit der frühen Phase der Umweltpolitik in den 1970er Jahren gab es daher Initiativen für eine globale, wenig später auch für eine europäische Koordination. Heute umfasst die Umweltpolitik umfangreiche Strukturen auf subnationaler, nationaler, weltregionaler und globaler Ebene. Zwischen diesen Ebenen kommt es, ähnlich wie innerhalb eines föderalen Staates, zu einer Mehrebenenverflechtung *(Multi-Level Governance)* mit ambivalenten Synergien und Koordinationsproblemen (vgl. Marks/ Hooghe 2001; Aden 2006; Benz 2009, 134 ff.).

3.3.1 Umweltpolitik der Europäischen Union

Die europäische Umweltpolitik war zunächst vorrangig darauf ausgerichtet, Handelshemmnisse in der damaligen Europäischen Wirtschaftsgemeinschaft (EWG) zu vermeiden. Alleingänge einzelner Mitgliedstaaten für höhere Umweltschutzstandards hätten dazu führen können, dass Produkte aus anderen Mitgliedstaaten, die diese Standards nicht erfüllen, nicht mehr im gesamten europäischen Binnenmarkt verkauft werden können. Die ersten Programme und Rechtsakte der EWG zum Umweltschutz waren von der Sorge motiviert, der innereuropäische Handel könnte durch solche Alleingänge beeinträchtigt werden. Statt einzelstaatlicher sollten deshalb europäische Umweltschutznormen für Produkte gesetzt werden (näher hierzu oben, Abschnitt 1.2.2).

Im Laufe der Zeit entwickelte die europäische Umweltpolitik eine Eigendynamik mit der Folge, dass sie sich inzwischen weitgehend von der Kopplung an Binnenmarktfragen gelöst hat und auch eigenständige Umweltschutzziele verfolgt (ausführlich hierzu

Knill/Liefferink 2007). Zwar ist die Umweltpolitik der heutigen Europäischen Union (EU) weniger systematisch strukturiert als die der einzelnen Mitgliedstaaten. Doch deckt sie mit ihren Initiativen und Vorschriften inzwischen ein weites Feld an Einzelfragen zu allen Teilbereichen der Umweltpolitik ab. Sie reichen von Produktnormen über die Luft- und Wasserreinhaltung bis zum Natur- und Klimaschutz (Überblick über wichtige Verordnungen und Richtlinien bei Erbguth/Schlacke 2010, 148 ff.). Seit dem Vertrag von Lissabon finden sich die primärrechtlichen Grundlagen für die europäische Umweltpolitik in Art. 191 bis 193 des Vertrages über die Arbeitsweise der Europäischen Union (AEUV).

Ein zentraler institutioneller Akteur der EU-Umweltpolitik ist die auf Umweltschutzfragen spezialisierte Generaldirektion der Europäischen Kommission mit ca. 500 Mitarbeitern (ausführlich zu den Funktionen der Kommission: Wessels 2008, 225 ff.; Knill 2008, 89 ff.). Im Jahr 2010 kam eine eigenständige Generaldirektion Klimapolitik hinzu. Auch nach dem Vertrag von Lissabon hat die Kommission das Monopol für Rechtsetzungsinitiativen der EU. Das heißt, dass auf den meisten Politikfeldern nur die Kommission als EU-Exekutive Rechtsetzungsverfahren in Gang setzen kann, nicht die Mitgliedstaaten oder das Parlament. Daher spielen die Generaldirektionen der Kommission eine zentrale Rolle bei der Definition und Weiterentwicklung der europäischen Umweltpolitik. Sie bereiten die politischen Initiativen vor, stimmen sie mit den Umweltministerien der Mitgliedstaaten sowie oftmals auch mit Umweltschutz- und Wirtschaftsverbänden ab. Danach begleiten sie das offizielle Rechtsetzungsverfahren im Rat und im Parlament. Auf vielen Teilfeldern der Umweltpolitik hat die Kommission zudem Aufgaben bei der Koordination der Umsetzung des europäischen Rechts. In *Komitologieverfahren* kann sie Detailregelungen zusammen mit Vertretern der Mitgliedstaaten weiterentwickeln, z. B. manche technische Vorschriften über die Messung von Emissionen oder Immissionen (zur Entwicklung: Töller 2002, 231 ff.). In zunehmendem Maße hat sie auch eigene Verwaltungsaufgaben. So ist sie z. B. zu beteiligen, wenn die Mitgliedstaaten Vorhaben verwirklichen möchten, die mit den Schutzzielen der *Flora-Fauna-Habitat-Richtlinie* in Konflikt stehen (hierzu oben, Abschnitt 2.4).

Der größte Teil der Umweltpolitik unterliegt seit den 1990er Jahren dem *Mitentscheidungsverfahren*, seit 2009 umbenannt in *Ordentliches Gesetzgebungsverfahren* (Art. 294, 192 AEUV). Die Abgeordneten des Europäischen Parlaments und die Vertreter der Mitgliedstaaten im Rat entscheiden daher gemeinsam über umweltpolitische Rechtsetzungsvorhaben. Die Parlamentarier könnten Rechtsakte am Ende des Verfahrens scheitern lassen. Ihr Einfluss auf den Inhalt ist dadurch erheblich gewachsen, insbesondere wenn es gelingt, innerhalb des Parlaments breite Mehrheiten für Ziele zu organisieren. Umweltpolitische Themen werden im *Ausschuss für Umweltfragen, Volksgesundheit und Lebensmittelsicherheit* bearbeitet, der mit 64 Mitgliedern zu den größten Ausschüssen des Parlaments zählt.

Der Ministerrat tagt regelmäßig in der Formation Umwelt, in der Regel viermal jährlich und zusätzlich bei thematischen Sondertreffen. In dieser Ratsformation treffen sich die Umweltminister der Mitgliedstaaten, um Themen der europäischen Umweltpolitik zu beraten und über neue Rechtsakte zu entscheiden (ausführlicher hierzu: Knill 2008, 93 ff.; Wessels 2008, 198 ff.). Auf Arbeitsebene verfügt der Umweltministerrat über Arbeitsgruppen von Experten aus den mitgliedstaatlichen Ministerien, die zu einem kleineren Teil ständig in Brüssel präsent sind, überwiegend aber bei Bedarf zur Koordination von Fachfragen anreisen.

Die 1994 eingerichtete Europäische Umweltagentur *(European Environment Agency, EEA)* mit Sitz in Kopenhagen ist eine Agentur der EU, die u. a. damit betraut ist, Informationen über Umweltfragen und Datenmaterial zu Umweltbelastungen zu sammeln, auszuwerten und zugänglich zu machen.

Der *Europäische Gerichtshof* hat auch in umweltpolitischen Entscheidungen dazu beigetragen, dass einmal geschaffene Regeln konsequent interpretiert und angewandt werden (Beispiele bei Krämer 2002).

3.3.2 Internationale und globale Umweltpolitik

Zahlreiche Impulse erhält die Umweltpolitik von weltweit tätigen Organisationen und Gremien. Bereits in den frühen 1970er Jahren bekam das damals entstehende Politikfeld mit der Stockholm-Konferenz eine internationale Dimension (s. auch oben, Abschnitt 1.2.2). Spätestens seit der *United Nations Conference on Environment and Development* (UNCED) im Juni 1992 in Rio de Janeiro ist die globale Umweltpolitik ein wichtiges weltpolitisches Thema geworden (zur institutionellen Entwicklung: Speth/Haas 2006, 69 ff.; Chasek/Downie/Brown 2006, 53 ff.; Akhtarkhavari 2010; Young 2010; Brand (Hg.) 2010; Kütting (Hg.) 2011).

Mehrere Organisationen im System der Vereinten Nationen befassen sich mit Umweltschutzfragen (Überblick bei Speth/Haas 2006, 107 ff.). Unter ihrem „Dach" verhandeln die beteiligten Staaten und andere Akteure über internationale Umweltregeln. Die beiden wichtigsten Gremien der internationalen Umweltpolitik, das *United Nations Environment Programme* (UNEP) und die *Commission on Sustainable Development* (CSD), sind keine eigenständigen internationalen Organisationen und haben daher auch keine unmittelbaren Rechtsetzungsbefugnisse. Die 1947 gegründete Wirtschaftskommission der Vereinten Nationen für Europa *(United Nations Economic Commission for Europe, ECE)* ist bereits seit den 1950er Jahren eine Arena für die Behandlung von Fragen, die heute der Umweltpolitik zugerechnet werden (vgl. Thiemann 1994).

Die internationale Umweltpolitik, die sich seit den 1970er Jahren entwickelt hat und deren Vorläufer teils wesentlich weiter zurückgehen (vgl. Strübel 1992, 181 ff.), zeichnet sich heute durch eine erhebliche thematische Breite aus. Den Sprung vom Nischenthema auf die Agenda der Weltpolitik schafften jedoch nur wenige Umweltschutzfragen. Dazu zählt seit Ende der 1980er Jahre der Klimawandel.

Den Kern der internationalen Umweltpolitik bildet das Aushandeln völkerrechtlicher Verträge. Die einzelnen Vertragswerke haben jeweils ihre eigenen Strukturen in Form von mehr oder minder regelmäßig tagenden Vertragskonferenzen, unterstützt durch Verwaltungsapparate. Erst die Arbeit dieser Gremien entscheidet darüber, ob internationale Initiativen sich in realen Veränderungen in Form von umweltpolitischen Maßnahmen der beteiligten Staaten niederschlagen (näher hierzu Aden 2002).

Durch die größer gewordene Zahl spezialisierter Gremien und Vertragskonferenzen stellt sich die Frage, ob die internationale Umweltpolitik mehr Koordination braucht. Die UNEP als Programm der Vereinten Nationen fungiert als „Klammer" der internationalen und globalen Umweltpolitik. Überlegungen, dieses globale Politikfeld durch die Umwandlung der UNEP in eine eigenständige Weltumweltorganisation im System der Vereinten Nationen aufzuwerten, sind eine Reaktion auf die gewachsene Bedeutung der globalen Umweltpolitik (vgl. Biermann 2000).

3.3.3 Verflechtungsprobleme und Synergien

Das Nebeneinander von Gremien und Strukturen auf verschiedenen Ebenen – national, in den einzelnen Weltregionen (z. B. Europa), international und global – kann für die Ergebnisse der Umweltpolitik positive oder negative Folgen haben.

Normsetzende Institutionen, die kontinentübergreifend oder gar global tätig sind, haben den Vorteil großer geographischer Reichweite, was gerade bei Problemen mit globalen Ursachen ein Vorteil ist. Von diesen Institutionen geschaffene Normen sind jedoch zunächst wesentlich weniger verbindlich als europäisches oder nationales Recht. Denn völkerrechtliche Vertragswerke, die Verpflichtungen für die Mitgliedstaaten etablieren, unterliegen dem Vorbehalt der Unterzeichnung und anschließenden Ratifizierung durch die beteiligten Staaten. Zudem sehen völkerrechtliche Instrumente in der Regel keine wirksamen Sanktionsmechanismen gegen Staaten vor, die sich nicht an die Vereinbarungen halten. Der Schritt hin zu einem höheren Verbindlichkeitsgrad und zu konkreten Auswirkungen des Vereinbarten ist damit auf der Zeitachse ungewiss (näher hierzu Aden 2002).

Die Beteiligung der EU an der globalen Umweltpolitik erzeugt gelegentlich Konflikte, überwiegend aber positive Synergien. Die Vertragswerke des Umweltvölkerrechts sind oftmals so genannte *gemischte Abkommen,* bei denen sowohl die EU als auch ihre Mitgliedstaaten Vertragsparteien sind. In einer Reihe von relevanten Fällen, z. B. beim Kyoto-Protokoll für den Klimaschutz, hat die EU die Vertragsverpflichtungen zügig in ihr Recht umgesetzt. Dadurch unterlagen ihre Mitgliedstaaten einem doppelten Umsetzungsdruck, nämlich zum einen aufgrund ihrer eigenen Beteiligung an dem Vertragswerk und zum anderen – wesentlich konkreter und nötigenfalls durch Sanktionen erzwingbar – durch ihre Pflicht, europäisches Recht umzusetzen bzw. anzuwenden (näher hierzu Aden 2002; am Beispiel des Klimaschutzes: Oberthür 2008; weitere Beispiele bei Oberthür/Gehring (Hg.) 2006).

Ein weiterer Aspekt der globalen Mehrebenenverflechtung des Umweltrechts besteht darin, dass interessierte Akteure durch die Wahl der Ebene, auf der sie ihr Anliegen vorbringen, die Durchsetzungschancen beeinflussen können. Regierungsvertreter, die ein umweltpolitisches Anliegen durchsetzen möchten, können Widerstände auf staatlicher Ebene umgehen, indem sie ihr Anliegen zum Gegenstand der europäischen oder internationalen Politik machen. Gelingt es ihnen dort, verbindliche Ziele und Regeln durchzusetzen, so wirken diese auf die staatliche Ebene zurück. Widerstände können nun unter Verweis auf die Pflicht zum völker- bzw. europarechtskonformen Verhalten leichter überwunden werden.

3.4 Governance-Formen und Steuerungsstrategien der Umweltpolitik

Lange Zeit war umweltpolitische Steuerung vor allem Steuerung durch Recht. Damit ging umweltpolitisches Handeln implizit von der Prämisse aus, dass Rechtsetzung tatsächlich in der Lage ist, Umweltprobleme steuernd zu vermeiden oder jedenfalls zu begrenzen. Bereits seit den 1970er Jahren ist die Steuerungsfähigkeit von Recht aber auch vielfach in Frage gestellt worden – und dies oft am Beispiel der Umweltpolitik. Hintergrund war die Beobachtung, dass rechtliche Regeln nicht zwangsläufig konkrete Auswirkungen nach sich ziehen (z. B. Winter 1975; Voigt 1991). Weitere, insbesondere ökonomische Governance- und Steuerungsansätze sind inzwischen hinzugekommen. In der internationalen Diskussion werden diese unter dem Stichwort *New Environmental Policy Instruments* zusammengefasst. Die einzelnen Ansätze, die unter diesem Stichwort diskutiert werden, sind allerdings in der Regel nicht neu erfunden, sondern nur aus anderen Anwendungsfeldern auf die Umweltpolitik übertragen worden (vgl. Jordan/Wurzel/Zito 2003 und 2007; Holzinger/Knill/Schäfer 2003). Heute besteht in Wissenschaft und Politik weitgehend Einigkeit darüber, dass die umweltpolitische Steuerung durch einen Mix an Instrumenten optimiert werden kann (vgl. z. B. Lübbe-Wolff 2001). Weniger einig sind sich Fachleute dagegen in der Frage, welches Gewicht die einzelnen Instrumententypen haben sollten. Aufgrund der Komplexität (umwelt-)politischer Entscheidungsprozesse kann nicht davon ausgegangen werden, dass in jeder Situation nach rationalen Gesichtspunkten das Instrumentarium gewählt wird, das die besten Ergebnisse verspricht. Vielmehr wirken vielfältige Faktoren wie die betroffenen Interessen oder die jeweiligen politischen Machtkonstellationen auf die Wahl des Instrumentariums ein (hierzu Böcher/Töller 2007).

3.4.1 Steuerung durch Umweltrecht: alte und neue Ansätze

Bei der umweltpolitischen Steuerung, insbesondere zu den Umweltmedien Luft und Wasser, spielen rechtliche Instrumente wie Verbote, Genehmigungsvorbehalte, Grenzwerte und Sanktionsandrohungen nach wie vor eine zentrale Rolle.

Verbote von Stoffen, Handlungen oder Verfahren sind die stärkste Form staatlicher Intervention zugunsten des Umweltschutzes. Drei Grundtypen von Verboten lassen sich unterscheiden. Das völlige oder weitgehende Verbot bestimmter Produkte, Stoffe oder Handlungen bildet den Kernanwendungsbereich dieses Instruments. Solche Vollverbote sind relativ selten. Sie kommen z. B. zum Einsatz, wenn Stoffe wie Asbest schwere Gesundheitsschäden verursachen. Zur zweiten Fallgruppe gehören Verbote von Produkten oder Verfahren, die Grenzwerte überschreiten, z. B. für Schadstoffe in Kraftwerksabgasen.

Häufig kommen Verbote mit Erlaubnisvorbehalt zum Einsatz. So sind Errichtung und Betrieb von Anlagen, von denen umweltschädigende Emissionen („schädliche Umwelteinwirkungen") ausgehen, in der Regel nur mit staatlicher Genehmigung zulässig.

Sie sind also verboten, bis die Genehmigung vorliegt. Das Steuerungsziel von Genehmigungsvorbehalten besteht nicht darin, ein unerwünschtes Verhalten möglichst zu unterbinden, sondern eine im Prinzip gewünschte, aber mit potentiellen Gefahren oder Risiken verbundene Aktivität an rechtliche Vorgaben zu binden. Die Genehmigungspflicht ist in verwaltungswissenschaftlicher Perspektive außerdem eine sachlogische Voraussetzung dafür, dass die zuständigen Behörden die Einhaltung des Rechts überprüfen können, da anderenfalls die Wahrscheinlichkeit gering wäre, dass sie überhaupt von den betreffenden Aktivitäten erführen. Diese Steuerungsform wird daher auch als *Eröffnungskontrolle* bezeichnet (hierzu z. B. Erbguth/Schlacke 2010, 87 f.).

Grenzwerte für zulässige Umweltbelastungen durch bestimmte Stoffe oder Emissionen sind in den meisten Fällen logisch mit Verbotsnormen verknüpft: Produkte oder Produktionsformen, die bestimmte Höchstwerte für Emissionen oder Schadstoffanteile einhalten, sind erlaubt. Überschreiten sie diese, so sind sie verboten. Grenzwerte und andere Kategorien zur Definition von Emissions- und Konzentrationsgrenzen sowie Umweltqualitätsnormen sind keine feststehenden Größen. Sie sind das Ergebnis der politischen Bewertung naturwissenschaftlicher Erkenntnisse über die Auswirkungen von Umweltbelastungen (näher hierzu Winter 1986, s. auch oben, Abschnitt 2.1.1). Damit sind sie oftmals Kompromisse zwischen Umwelt- und Gesundheitsschutzinteressen auf der einen und ökonomischen Interessen an bestimmten Produkten und Produktionsformen auf der anderen Seite. Parallel zum naturwissenschaftlichen Erkenntnisstand und zu gesellschaftlich-politischen Gefahren- und Risikoeinschätzungen unterliegen diese Grenzziehungen einem Wandel. Messmethoden, Wirkungs- und Risikoprognosen sowie die Kalkulation von Sicherheitsabschlägen bei der Festlegung von Gefährdungsgrenzen sind Einfallstore für interessengeleitete politische Wertungen bei der Festsetzung der rechtlichen Höchstgrenze für erlaubte Emissionen oder Immissionen. Das Umweltordnungsrecht fixiert in der Regel starre Grenzen zwischen Erlaubtem und Verbotenem. Da diese Grenzen oftmals auf politischen Kompromissen beruhen und sich auf der Basis von Kosten-Nutzen-Erwägungen am pragmatisch „Machbaren" orientieren, sind sie nicht notwendig mit dem theoretisch bestmöglichen Umweltschutzstandard identisch. Diese Form von Umweltrecht zwingt zwar die Normadressaten, die Grenzen des Erlaubten einzuhalten, motiviert sie aber nicht, sich durch zusätzliche Anstrengungen einem höheren Umweltschutzstandard anzunähern.

Mit der Pflicht zur Rücknahme bestimmter Produkte und zur Verwendung definierter Quoten von recyclingfähigen Stoffen hat die Umweltpolitik auch neue Pflichten rechtsverbindlich etabliert. Viele Impulse kamen hier von der europäischen Umweltpolitik – so bei der Rücknahmepflicht für Altfahrzeuge und nicht mehr benötigte Elektro- und Elektronikgeräte (hierzu auch oben, Abschnitt 2.6.1).

Das Instrumentarium des Umweltrechts hat sich somit im Laufe der Zeit ausdifferenziert und dabei eine Vielzahl verschiedener Steuerungsansätze entwickelt und etabliert. Die in der umweltpolitischen sowie in der politik- und verwaltungswissenschaftlichen Diskussion geführten Kontroversen über die Grenzen der Steuerungsfähigkeit des Umweltordnungsrechts hat nicht zu einer Abkehr von ordnungsrechtlichen Instrumenten, wohl aber zu ihrer Ergänzung durch zusätzliche Steuerungsansätze geführt.

3.4.2 Steuerung durch ökonomische Anreize

Seit den 1980er Jahren gilt die ökonomische Anreizsteuerung für die Umweltpolitik als Gegenmodell zur ordnungsrechtlich-staatsinterventionistischen Steuerung (vgl. z. B. Voigt 1991). Die Idee, rechtliche Vorgaben durch marktorientierte Steuerungsinstrumente zu ersetzen, entwickelte sich in den 1980er Jahren in einer Phase, als marktradikale Akteure zunehmend mit der Position Gehör fanden, das „freie Spiel" von Märkten könne generell bessere Steuerungsergebnisse erzielen als der Staat mit seinen rechtlichen Interventionen. In der Umweltpolitik setzte sich diese Position nicht durch, da Grund zu der Annahme bestand, dass Märkte aus sich heraus nicht genügend Anreize entwickeln, die allein dazu in der Lage sind, eher langfristig orientierte Umweltschutzziele zu erreichen. Ein völliger Rückzug des Staates aus Teilfeldern der Umweltpolitik wäre daher kaum denkbar. Stattdessen setzte sich die Position durch, dass auf einigen Feldern der Umweltpolitik ergänzend ökonomische Anreizinstrumente zum Einsatz kommen können.

Im weiteren Sinne zählen auch staatliche Subventionen für Umweltschutzprojekte zu den ökonomischen Steuerungsinstrumenten. Sie sind politisch und ökonomisch umstritten, da sie die freien Märkte beeinträchtigen können, wenn sie bestimmte Wirtschaftsteilnehmer gegenüber anderen bevorzugen. Dennoch ist die Notwendigkeit der Förderung bestimmter Umweltschutzvorhaben weitgehend anerkannt, weil das idealistische Interesse am Umweltschutz allein oftmals nicht ausreicht, um politisch gewünschte Verhaltensänderungen zu erreichen, z. B. Investitionen in Umweltschutztechnik. Doch hat dieses Steuerungsinstrument auch Schwächen. Subventionen orientieren sich nicht am Verursacherprinzip. Da die Finanzierungen zumeist aus öffentlichen Haushalten stammen, verlagern sie Umweltschutzkosten von den Verursachern auf die Allgemeinheit.

Neu hinzugekommen sind in der Umweltpolitik Formen von Anreizsteuerung, die darauf ausgerichtet sind, Akteure durch die Aussicht auf ökonomische Vorteile zu umweltschützendem Verhalten zu bewegen. Marktorientierte Anreize sind also Steuerungsinstrumente, mit denen Akteure ohne die Androhung ordnungsrechtlicher Sanktionen dazu gebracht werden sollen, ihr Verhalten in einer der umweltpolitischen Zielsetzung entsprechenden Weise zu ändern. Zugleich verfolgen sie das Ziel, Umweltkosten als Faktor in betriebswirtschaftliche Kalkulationen einfließen zu lassen („Internalisierung externer Kosten") und damit möglichst den Verursachern aufzuerlegen (vgl. Holzinger/Knill 2003; Holzinger/Knill/Schäfer 2003, 105 ff.; in umweltökonomischer Perspektive: Endres 2007, 26 ff.; Fees 2007, 37 ff.) Wenn dies nicht geschieht, ist die Belastung der Umwelt für die Verursacher kostenlos. Schäden, die z. B. durch Abgase für die Gesundheit von Menschen oder an Sachwerten entstehen, müssen später von der Allgemeinheit oder von zufällig geschädigten Dritten ausgeglichen werden.

Steuern, die den Verbrauch von Umweltressourcen verteuern („Ökosteuern"), sind ein solches Anreizinstrument. Erhebt der Staat Steuern oder Abgaben auf Formen von Umweltnutzung wie den Verbrauch von Energie oder Rohstoffen, den Ausstoß von Abgasen oder die Versiegelung von Flächen, so setzt er darauf, dass die Betroffenen zur Vermeidung finanzieller Belastungen umweltschonende Alternativen wählen. In Deutschland hat sich die Durchsetzung solcher Instrumente indes als schwierig erwiesen (hierzu auch unten in Abschnitt 3.5.4).

Ein weiteres Instrument ökonomischer Anreizsteuerung, das die umweltpolitische Diskussion prägt, ist der Handel mit Verschmutzungsrechten in Form von Zertifikaten oder Lizenzen (zu den Grundlagen: Fees 2007, 123 ff.). Mit dem Emissionsrechtehandel ist in der Klimaschutzpolitik ein solches Instrument völker- und europarechtlich verankert worden. Dieses Steuerungsinstrument ist so konzipiert, dass Firmen wie z. B. Kraftwerksbetreiber, die eine große Menge des Treibhausgases Kohlendioxid emittieren, von staatlichen Stellen Emissionsrechte zugeteilt bekommen. Unternehmen sie Anstrengungen, um ihre Emissionen stärker zu reduzieren als es die staatlichen Vorgaben vorsehen, so können sie die überschüssigen Emissionsrechte verkaufen. Im Mittelpunkt der Steuerungsstrategie steht hier somit die Schaffung eines Marktanreizes zur Reduktion der Emissionen. Damit dieser Anreiz funktioniert, muss die Gesamtzahl der vergebenen Emissionsrechte parallel zur Entwicklung der Umweltschutztechnik immer weiter verringert werden, um den Anreiz zum Einsparen von Emissionen beizubehalten (zum rechtlichen Rahmen in Deutschland und der EU: Erbguth/Schlacke 2010, 410 ff.).

Ein anderes ökonomisches Steuerungsinstrument ist die sogenannte Umweltbetriebsprüfung (*Eco-Management and Audit Scheme, EMAS*). Dieses umweltrechtliche Steuerungsinstrument wurde zuerst Anfang der 1970er Jahre in den USA entwickelt. Es stammt also gerade nicht aus dem Einflussbereich staatsinterventionistischer Regulierung kontinentaleuropäischer Prägung. Später griffen andere Staaten und die Europäische Gemeinschaft dieses Instrument auf, die EG mit der 1993 verabschiedeten ersten Fassung der *Umwelt-Audit-Verordnung* (EWG) Nr. 1836/93, die später durch die Verordnung (EG) Nr. 761/2001 mit einem erweiterten Anwendungsbereich ersetzt wurde. Unternehmen und andere Organisationen sollen mit diesem Instrument dazu gebracht werden, sich regelmäßig einer Umweltprüfung zu unterziehen. Unter Einschaltung amtlich zugelassener Gutachter sollen sie Strategien für die Verbesserung der Umweltstandards ihrer Produktion entwickeln. Aus der Perspektive der sich beteiligenden Organisationen ist die Umweltprüfung nicht nur ein allgemeinwohlorientiertes Instrument zur Erreichung höherer Umweltschutzstandards. Die von der Prüfung angestoßenen Innovationen führen in vielen Fällen auch zu Kosteneinsparungen, z. B. wenn weniger energieaufwändige Produktionsverfahren eingeführt werden. Zudem dürfen die Beteiligten in ihrer Imagewerbung das EMAS-Zeichen verwenden. Und schließlich haben die Mitgliedstaaten die Möglichkeit, den EMAS-Zertifizierten Erleichterungen in anderen umweltrechtlichen Genehmigungs- und Kontrollverfahren zu gewähren (näher zum Umweltaudit in Deutschland: Erbguth/ Schlacke 2010, 119 ff.).

3.4.3 Umweltschutz durch Verfahren

Für die Umweltpolitik sind spezielle Formen von Steuerung durch Verfahren entwickelt worden. Sie werden auch als *prozedurale Steuerungsinstrumente* bezeichnet (vgl. Hagenah 1996). Die Idee besteht darin, dass Umweltschutzziele besser erreicht werden können, wenn Verfahren vorgesehen sind, in die Umweltschutzbelange eingebracht werden können. Damit steigt die Wahrscheinlichkeit, dass vorhandenes Wissen über die Umweltauswirkungen eines Vorhabens in die Überlegungen einfließt.

Planungs- und Genehmigungsverfahren enthalten prozedurale Umweltschutzelemente, da die zuständigen Behörden verpflichtet sind, Umweltschutzbelange in ihre Entscheidungen einzubeziehen. Fachgesetze wie das Immissionsschutzgesetz oder das Baugesetzbuch regeln hierzu konkretere Anforderungen. Viele Gesetze sehen eine Öffentlichkeitsbeteiligung vor, die weitere Chancen bietet, Umweltschutzbelange in Verfahren einzubringen. Allerdings sind diese Verfahren insofern ambivalent, als sie zivilgesellschaftlichen Protest gegen Vorhaben in rechtlich geordnete Verfahren einbinden und damit jedenfalls ein Stück weit entpolitisieren (zur Ambivalenz von Öffentlichkeitsbeteiligung vgl. auch Bora 1999).

Erheblich verstärkt wird die Einbeziehung von Umweltschutzbelangen in Entscheidungsverfahren, wenn eine *Umweltverträglichkeitsprüfung (UVP)* vorgeschrieben ist. Dieses Verfahren zur systematischen Bewertung der Umweltauswirkungen eines Vorhabens wurde zunächst in den USA entwickelt und auf der Basis einer EG-Richtlinie (85/337/EWG) auch in Europa eingeführt und von den Mitgliedstaaten umgesetzt (vgl. Erbguth/ Schlacke 2010, 98 ff.).

Auch die Umweltbetriebsprüfung (EMAS) ist im weiteren Sinne ein prozedurales Steuerungsinstrument, da sie die Umweltschutzstandards von Unternehmen und anderen Organisationen durch festgelegte Verfahren prüft (hierzu im vorigen Abschnitt 3.4.2).

3.4.4 Kooperative Umweltschutzinstrumente

Kooperative Umweltschutzinstrumente verfolgen die Strategie, hoheitliche Anordnungen des Staates durch Formen von Kooperation zwischen dem Staat und den Umweltnutzern, insbesondere den Wirtschaftsunternehmen, zu ersetzen oder zu ergänzen. Daher sind sie auch ein Beispiel für die Überlagerung und Ergänzung klassischer Formen des Regierens (*Government*) durch neue *Governance*-Ansätze.

Zu den kooperativen Instrumenten zählen *Umweltvereinbarungen*. Sie sollen Akteure außerhalb des unmittelbaren staatlichen Einflussbereichs dazu bringen, durch eigene Initiativen zur Verwirklichung von Politikzielen beizutragen. Hierfür sind auch die Bezeichnungen *Selbstregulierungssysteme* oder *Joint (Environmental) Policy-Making* gebräuchlich. Davon zu unterscheiden sind *freiwillige Selbstverpflichtungen* nicht-staatlicher Akteure, bei denen staatliche Stellen nicht als Vertragspartner auftreten, aber angesichts der Selbstverpflichtung einstweilen auf Rechtsetzung verzichten (vgl. Töller 2003, 157 f.).

In der Umweltpolitik sprechen die strukturellen Anwendungsdefizite des Umweltrechts für eine Ergänzung durch kooperative Instrumente. Wenn der Staat die rechtlichen Regeln nicht einfach „von oben herab" erlässt, sondern mit den Betroffenen vorher abstimmt, steigt die Wahrscheinlichkeit, dass sie akzeptiert werden und der gewünschte Erfolg somit eintritt.

Formen von Kooperation zwischen staatlichen und nichtstaatlichen Akteuren kommen empirisch sowohl bei der Rechtsetzung einschließlich der Rechtskonkretisierung als auch bei der Rechtsanwendung und der Vollzugskontrolle vor (zur Typologie: Schuppert 2000, 421; Töller 2003). Wenn der Staat Umweltvereinbarungen abschließt, nimmt er den Gestaltungsanspruch der Gesetzgebung oder die Kontrollfunktionen behördlicher Aufsicht zugunsten der Kooperation mit den Normadressaten zurück. Die Steuerungsstrategie besteht darin, die Bereitschaft der Regelungsadressaten zur Befolgung von Normen dadurch zu steigern, dass sie bei der Normsetzung oder beim Normvollzug formalisierte Mitspracherechte erhalten. Zugleich wird das Fach- und Praxiswissen der Normadressaten in den Rechtsetzungsprozess eingebunden. Damit sind kooperative Steuerungsformen zugleich eine Reaktion auf Defizite bei der Implementation rechtlicher Vorgaben (hierzu Dose 1997).

> Der im Jahr 2000 zwischen der rot-grünen Bundesregierung und den Betreibern der deutschen Atomkraftwerke geschlossene „Atomkonsens" ist ein Beispiel für eine Umweltvereinbarung bei der Rechtsetzung. In diesem Konsens legten die Beteiligten fest, für welche Restlaufzeiten die Atomkraftwerke weiter betrieben werden sollten. Erst später wurde das Vereinbarte in Änderungen des Atomgesetzes durch den parlamentarischen Gesetzgeber nachvollzogen.

Dieses Beispiel verdeutlicht zugleich die Probleme und Grenzen dieses Steuerungsinstruments: Umweltvereinbarungen verschieben die Entscheidungsmacht vom Parlament zur Regierung, wenn sie Fragen regeln, für die eigentlich ein Parlamentsgesetz erforderlich wäre. Die Regierungsmehrheit im Parlament kann in diesen Fällen das Vereinbarte nur noch nachvollziehen. Dabei ist keineswegs garantiert, dass die vereinbarten Ziele auch tatsächlich erreicht werden.

Auf der Vollzugsebene kommen Umweltvereinbarungen in mehr oder minder formalisierter Form vor, wenn z. B. Aufsichtsbehörden sich mit Anlagenbetreibern darüber verständigen, wie die gesetzlichen Anforderungen für eine bestimmte Anlage auszulegen und anzuwenden sind (hierzu Dose 1997, 202 ff.).

Umweltrecht dient unter vielen Aspekten der Gefahrenabwehr. Schon deshalb können auch kooperative Steuerungsinstrumente das etablierte System interventionistischen Rechts nicht einfach ersetzen. Durch die Ausdifferenzierung der Steuerungsformen ist ein Instrumentenmix entstanden, zu dem auch Kooperation zählen kann. Der Staat ist dabei ein etwas mehr als gleichberechtigter Kooperationspartner (vgl. Schuppert 2000, 429 ff.).

3.4.5 Steuerung durch Information und Transparenz

Die Transparenz umweltpolitischer Entscheidungsprozesse ist eine weitere Steuerungsstrategie. Hierzu zählt die bessere Information „der Öffentlichkeit" bzw. interessierter Fachöffentlichkeiten. Information bildet die Grundlage für Partizipation an Entscheidungsprozessen.

Information und Transparenz sind keine Selbstzwecke, sondern verfolgen spezifische Steuerungsziele, abhängig vom jeweiligen Kontext. Diese Ziele reichen von der behördlichen Informationsbeschaffung über die Verbraucherinformation bis zur Demokratisierung und Schaffung von Akzeptanz für Entscheidungen (vgl. Schmidt-Aßmann/Ladenburger 2003, 557 ff.).

Nur wenn Informationen öffentlich und Behördenakten unabhängig von individueller Betroffenheit zugänglich sind, können interessierte Teile der (Fach-)Öffentlichkeit – z. B. Umweltschutzverbände – ihre Sichtweise in die Diskussion über die Planung und behördliche Genehmigung von umweltbelastenden Vorhaben einbringen. Diese Konzeption steht im Mittelpunkt des Ansatzes, den die europäische Umweltpolitik Anfang der 1990er Jahre mit der Richtlinie 90/313/EWG *über den freien Zugang zu Informationen über die Umwelt* und ihrer Nachfolge-Richtlinie 2003/4/EG gewählt hat. Das Steuerungsziel besteht darin, Umweltschutz- und Betroffenenbelangen ein höheres Gewicht zu verleihen: Behördeninformationen über Umweltschutzfragen können eingesehen werden, ohne dass dafür ein besonderes rechtliches Interesse geltend gemacht werden muss (Näheres bei Erbguth/Schlacke 2010, 122 f.; Epiney 2005, 191 ff.).

In Deutschland, wo Behörden in der Vergangenheit großen Wert auf die Vertraulichkeit ihrer Entscheidungsprozesse legten, hat diese Entwicklung weitreichende Veränderungen der Verwaltungskultur hin zu mehr Transparenz in Gang gesetzt. Völkerrechtlich ist dieses Instrument durch die Århus-Konvention *on Access to Information, Public Participation in Decision-Making and Access to Justice in Environmental Matters* aus dem Jahr 1998 gestärkt worden (hierzu Epiney 2004, 175 ff.).

Für die Behörden hat diese neue Transparenz den Vorteil, dass sie das Fachwissen der Umweltschutzverbände und anderer Interessierter für ihre Entscheidungsprozesse nutzen können. Darüber hinaus kann der Informationsanspruch eine Kontrollfunktion gegenüber den Umweltbehörden haben – auch präventiv, da Verwaltungsmitarbeiter stärker mit öffentlicher Kontrolle rechnen müssen, wenn Informationsansprüche bestehen.

Zum Steuerungstypus Information und Transparenz zählen auch Vorgaben für die Kennzeichnung umweltfreundlicher Produkte. Sie verfolgen das Steuerungsziel, Verbraucher auf der Basis öffentlich-rechtlich strukturierter Kontrollsysteme zuverlässig zu informieren. Hierzu zählen der in Deutschland verbreitete „Blaue Engel" und die „Europäische Umweltblume", die umweltfreundliche Produkte nach staatlich festgelegten Regeln kennzeichnen dürfen.

3.4.6 Integrative Umweltschutzkonzepte

Integration spielt in der politischen und politikwissenschaftlichen Terminologie unter mehreren Gesichtspunkten eine wichtige Rolle (vgl. Kraack/Pehle/Zimmermann-Steinhart 2001, 12f.). Im Kontext der umweltpolitischen Steuerungsdiskussion steht *Integration* für die Überwindung der Fragmentierung und Parzellierung der Umweltpolitik und des Umweltrechts in zahlreiche Teilfelder und der damit verbundenen Nachteile.

Umweltintegration hat zwei Aspekte: Erstens soll Umweltschutz umweltmedienübergreifend konzipiert werden, um Wechselwirkungen zwischen den Umweltmedien bei der Steuerungskonzeption zu berücksichtigen. Damit soll verhindert werden, dass Aktivitäten auf einem Feld der Umweltpolitik neue oder zusätzliche Probleme auf einem anderen Feld erzeugen. Zweitens sollen umweltpolitische Belange auch in Steuerungsentscheidungen auf anderen Politikfeldern wie Landwirtschaft, Energie und Verkehr integriert werden (zur Konkurrenz und zu Synergien mit anderen Politikfeldern oben, Abschnitt 2.7).

Seit den 1990er Jahre haben integrative Steuerungsstrategien in der Umweltpolitik erheblich an Bedeutung gewonnen – sowohl in der EU als auch auf nationaler Ebene (vgl. Jacob/Volkery 2007; Lenschow 2002; Kraack/Pehle/Zimmermann-Steinhart 2001). Die EU machte die Umweltintegration sogar zum Grundsatzziel. Nach der so genannten *Umweltschutz-Querschnittsklausel* müssen die Erfordernisse des Umweltschutzes bei der Festlegung und Durchführung der anderen Gemeinschaftspolitiken „einbezogen werden" (seit dem Vertrag von Lissabon: Art. 11 AEUV; vorher Art. 6 EG-Vertrag).

3.5 Von der umweltpolitischen Idee zum Vollzug

Abschließend soll Umweltpolitik in ihrem prozesshaften Ablauf betrachtet werden – der *Politics*-Dimension in der englischsprachigen Terminologie der Politikanalyse. Sie untersucht die Abläufe in einem Politikfeld in den Phasen von der Problemwahrnehmung über die Gestaltung der umweltpolitischen Agenda und die Entscheidungsprozesse bis zum Vollzug einmal getroffener Entscheidungen. Auch die Evaluation und nötigenfalls Beendigung eingeführter Umweltschutzinstrumente gehört in einer erweiterten Perspektive in diesen Ablauf. Dieser idealtypische Verlauf wird auch als *Policy Cycle* bezeichnet (ausführlich hierzu Blum/Schubert 2011, 104 ff.).

Die *Policy Cycle*-Perspektive ist allerdings eine Vereinfachung, da der politische Prozess in der Realität nur selten so geradlinig verläuft. An jeder Stelle des Prozesses können Komplikationen und abweichende Abläufe auftreten, die ein Vorhaben zum Scheitern bringen. Nicht-intendierte Folgen politischer Entscheidungen blendet dieses Modell aus. Zusammenhänge zwischen Ursachen und Wirkungen kann das Phasenmodell aus sich heraus nicht erklären (hierzu Blum/Schubert 2011, 134 ff.; Schneider/Janning 2006, 63 f.). Dennoch liefert die Betrachtung der einzelnen Phasen wichtige Erkenntnisse darüber, unter welchen Voraussetzungen Probleme wahrgenommen und zu politischen Themen werden, wie umweltpolitische Ziele durchsetzbar sind und inwieweit politische Entscheidungen zu praktisch wirksamen Umweltschutzmaßnahmen beitragen.

Zusätzlich wird hier der Frage nachgegangen, inwieweit sich prognostizieren lässt, welche Akteure und Positionen sich unter welchen Voraussetzungen im umweltpolitischen Prozess durchsetzen (Abschnitt 3.5.4).

Die Rahmenbedingungen eines politischen Systems prägen den *Policy Cycle*. Im Mittelpunkt der Darstellung stehen hier wiederum die Systeme der Bundesrepublik Deutschland und der Europäische Union (zur vergleichenden Forschung zum Zusammenhang zwischen Umweltpolitik und Demokratie: Saretzki 2007 und zum Einfluss föderaler Strukturen: Jahn/Wälti 2007).

3.5.1 Umweltpolitische Problemwahrnehmung

Am Anfang steht die Problemwahrnehmung, ohne die ein Phänomen nicht zum umweltpolitischen Thema werden kann. Wie und von wem ein Umweltproblem zuerst wahrgenommen wird, hängt von der Struktur des jeweiligen Problems ab. Manche Probleme sind unmittelbar spürbar in Form von Gerüchen oder Lärm, sichtbaren Schäden an Pflanzen oder Tieren oder sogar an der menschlichen Gesundheit. In diesen Fällen spielen die Akteure, für die Auswirkungen zuerst spürbar werden, eine zentrale Rolle bei der umweltpolitischen Problemwahrnehmung.

Zwischen dem Spüren von Auswirkungen und der Einordnung als umweltpolitisches Problem steht noch ein weiterer Schritt: die Erkenntnis, dass es sich um ein Umweltproblem handelt. Häufig sind an diesem Erkenntnisprozess bereits Fachleute wie Ärzte oder Biologen beteiligt, die Auswirkungen eines Umweltproblems möglicherweise gehäuft wahrnehmen und nach den Ursachen suchen. Die umweltpolitische Problemwahrnehmung setzt also eine technische, naturwissenschaftliche und medizinische Infrastruktur voraus, die in Industriestaaten eher vorhanden ist als in Entwicklungsländern (zur Abhängigkeit der Problemwahrnehmung vom sozialen Kontext: Blum/Schubert 2011, 109). Wenn andere Probleme wie Unterernährung, schlechte Behausungen oder fehlendes Einkommen das Leben der Menschen bestimmen, sinkt die Wahrscheinlichkeit, dass sie Umweltprobleme als solche wahrnehmen.

Schwieriger ist die Wahrnehmung von Umweltproblemen, deren Auswirkungen nicht unmittelbar sichtbar sind. Beispiele sind die Folgen von Schadstoffen in Abluft oder Abwasser, die an weit entfernten Orten auftreten. Erst erheblich verzögert sind auch die Folgen des Abbaus der Ozonschicht in der Erdatmosphäre und der Erderwärmung spürbar. Hier bedarf es längerer, insbesondere wissenschaftlicher Problemwahrnehmungsprozesse, die oftmals durch Kontroversen über die Ursachen beobachtbarer Phänomene wie z. B. Hitzeperioden oder Wirbelstürme geprägt sind (s. oben, Abschnitt 2.2 zum Klimawandel).

3.5.2 Die umweltpolitische Agenda: wechselnde „Konjunktur" des Umweltthemas

Ist ein Umweltproblem von Wissenschaftlern, Journalisten oder sogar breiteren Bevölkerungskreisen wahrgenommen worden, so stellt sich die Frage, wie Gegenmaßnahmen zum Thema der umweltpolitischen Tagesordnung (Agenda) werden. Abstrakte Risiken reichen in der Regel nicht aus, um eine größere Zahl anderer Menschen und politische Entscheidungsträger von der Notwendigkeit von Gegenmaßnahmen zu überzeugen. Der Sprung eines Themas auf die umweltpolitische Agenda gelingt erst, wenn ein Mindestmaß an Problemdruck entstanden ist, z. B. aufgrund von konkret spürbaren Folgen eines Problems.

Der Problemdruck allein reicht wiederum noch nicht aus, um ein Thema erfolgreich und längerfristig auf der politischen Tagesordnung zu verankern. Weitere Faktoren kommen hinzu, insbesondere die öffentliche Aufmerksamkeit, die in medienorientierten politischen Systemen eine Voraussetzung dafür ist, dass sich politische Entscheidungsträger eines Themas annehmen (vgl. Ruß-Mohl 1993). Ob ein Problem eine größere (Medien-)Aufmerksamkeit erlangt, hängt von Faktoren wie der Zahl der Betroffenen, seiner Komplexität und seiner Dringlichkeit ab (vgl. Schneider/Janning 2006, 56).

Die Umweltpolitik gehört zu den Politikfeldern, auf denen nicht steuerbare Ereignisse wie Naturkatastrophen, Stör- und Unfälle regelmäßig die politische Agenda mit bestimmen. Nach solchen Ereignissen öffnen sich Gelegenheitsfenster (*Windows of Opportunity*), in denen ein Problem größere Aufmerksamkeit genießt und daher Lösungskonzepte vorübergehend bessere Chancen haben, auf der politischen Agenda platziert und möglicherweise sogar durchgesetzt zu werden (vgl. auch Schneider/Janning 2006, 55; Aden 2008, 126 f.; näher zur Durchsetzung unten, Abschnitt 3.5.4).

Bereits Anfang der 1970er Jahre konstatierte *Anthony Downs*, dass ökologische und andere gesellschaftliche Probleme sich in den USA für eine begrenzte Zeit gesteigerter öffentlicher Aufmerksamkeit erfreuten und entwickelte daraus eine Theorie des *Issue-Attention Cycles* (Downs 1972, 38ff.). Phasen gesteigerter Aufmerksamkeit führen zur Schaffung von Programmen und Institutionen, die auch dann noch Wirkungen entfalten, wenn die öffentliche Aufmerksamkeit für das Problem wieder abgenommen hat (Downs 1972, 41; vgl. auch Ruß-Mohl 1993; Carter 2007, 190 ff.).

Dies trifft auch auf Deutschland und Europa zu, wo die Umweltpolitik seit den 1970er Jahren institutionelle Strukturen wie Fachgesetze und Behörden hervorgebracht hat. Auch in Phasen, in denen Umweltschutzfragen auf weniger öffentliches Interesse stoßen, entfalten diese Strukturen umweltschützende Wirkungen.

3.5.3 Politikformulierung und Entscheidungsprozesse in der Umweltpolitik

Ist ein Umweltproblem zum Thema der politischen Tagesordnung geworden, so stellt sich die Frage, welche konkreten Folgen dies hat. Die Thematisierung allein garantiert noch nicht, dass wirksame

Gegenmaßnahmen ergriffen werden, die das Umweltproblem lösen oder zumindest lindern. Finden vorgeschlagene Maßnahmen keine Unterstützung, z. B. weil nur wenige Akteure das Problem als gravierend einschätzen, so können sie bereits nach kurzer Zeit wieder von der politischen Agenda verschwinden.

Bevor förmliche Entscheidungsprozesse in Gang gesetzt werden können, sind konkrete, ausformulierte Konzepte erforderlich. Zentrale Akteure sind in dieser Phase die Fachleute aus Parlamentsfraktionen, Parteien und Verbänden, die versuchen, die Beratungsvorlagen im Sinne der jeweiligen umweltpolitischen Position zu gestalten oder zu beeinflussen. Gesetz- und Verordnungsentwürfe werden meistens in den Fachreferaten der zuständigen Ministerien verfasst, EU-Rechtsakte in der federführenden Generaldirektion der Europäischen Kommission. In dieser Phase kann es relevant sein, ob das Umweltministerium bzw. die Generaldirektion Umwelt oder ein anderes Ressort die Federführung für ein umweltpolitisches Thema hat (hierzu oben, Abschnitt 3.2 und 3.3). Verbände, Betroffene und Experten sind oftmals in formelle oder informelle Konsultationen eingebunden. Im Rahmen der Politikformulierung werden Handlungsalternativen diskutiert und die Ziele präzisiert. Durch Interventionen von Interessengruppen für oder gegen einen Vorschlag und Diskussionen in der Medien- und Fachöffentlichkeit kann sich ein Vorschlag erheblich verändern oder auch verhindert werden.

Der Ablauf eines Entscheidungsprozesses hängt von den politisch-institutionellen Verfahrensvorgaben ab. Im politischen System der Bundesrepublik Deutschland werden umweltpolitische Entscheidungen häufig im Rahmen eines Gesetzgebungsverfahrens getroffen. Nicht nur Weichenstellungen für rechtliche Instrumente wie Verbote, Gebote oder Grenzwerte erfordern in Deutschland eine gesetzliche Grundlage. Auch ökonomische Anreizinstrumente kommen zumeist nicht ohne gesetzgeberische Maßnahmen aus, mit denen der Staat die Rahmenbedingungen für den Anreizeffekt festlegt.

Geht es um ein förmliches (Parlaments-)Gesetz, so regelt das Grundgesetz in Deutschland das Verfahren seines Zustandekommens. Weiter konkretisiert werden die Abläufe durch die Geschäftsordnungen von Bundesregierung, Bundestag und Bundesrat sowie durch die Gepflogenheiten der politischen Praxis. Bei förmlichen Gesetzen entscheiden am Ende Bundestag und Bundesrat. Für viele technische Detailfragen gibt es in Umweltschutzgesetzen Verordnungsermächtigungen, z. B. für die Festlegung und Weiterentwicklung von Grenzwerten und von Verfahren zur Emissions- oder Immissionsmessung. In diesen Fällen kann die Regierung die Entscheidung alleine treffen, soweit die gesetzliche Verordnungsermächtigung nicht die Mitwirkung parlamentarischer Gremien vorsieht. Für die Landesparlamente und -regierungen sehen die Landesverfassungen eine ähnliche Arbeitsteilung vor.

Bei europäischen Rechtsakten regelt das EU-Recht (Vertrag über die Arbeitsweise der Europäischen Union, AEUV) die Verfahrensabläufe von der Initiative der Europäischen Kommission bis zur Beschlussfassung unter Beteiligung des Europäischen Parlaments und der Mitgliedstaaten (Ministerrat). Der Einfluss von Interessengruppen und informelle Gepflogenheiten ergänzen auch diese Vorgaben (Beispiele bei Knill 2008, 106 ff.).

Geht es um Umweltschutzmaßnahmen, für die kein Gesetz erforderlich ist, so finden die Entscheidungsprozesse zumeist im Regierungs- oder Verwaltungsbereich statt. Dies gilt z. B. für die Entscheidung über Informationskampagnen oder die Optimierung von Verwaltungsabläufen. Haben solche Entscheidungen allerdings zusätzliche Ausgaben zur Folge, so kann wiederum die Mitwirkung der parlamentarischen Gremien erforderlich sein, soweit die Ausgaben nicht aus ohnehin bewilligten Haushaltstiteln gedeckt werden können und dürfen.

Am Ende eines erfolgreichen umweltpolitischen Entscheidungsprozesses steht ein Ergebnis, z. B. in Form von neuen gesetzlichen Vorschriften oder Subventionen für bestimmte Umweltschutzmaßnahmen. Das Ergebnis auf dieser Stufe wird in der Politikanalyse auch als *Policy Output* bezeichnet. Jeder Entscheidungsprozess kann aber ergebnislos scheitern, bevor er das angestrebte Ziel erreicht. Auch kann die Intervention weiterer Akteure mit jeweils spezifischen Interessen dazu führen, dass am Ende ein wesentlich anderes Entscheidungsergebnis steht als das ursprünglich angestrebte.

3.5.4 Wer setzt sich durch?

Bei der Vielzahl von Akteuren und Institutionen, deren Interessen oder Anliegen durch umweltpolitische Entscheidungen berührt sind, stellt sich die Frage, inwieweit sich prognostizieren lässt, welche Position sich unter welchen Voraussetzungen durchsetzt. Auf diese Frage ist keine einfache, für alle Fälle gleichermaßen gültige Antwort möglich. Theorien aus der *Policy*-Forschung können aber Anhaltspunkte dafür liefern, welche Position sich unter welchen Voraussetzungen durchsetzen kann (Überblick über das dortige Theorie-Spektrum bei Schneider/Janning 2006; Carter 2007, 190 ff.; Blum/Schubert 2011, 123 ff.).

Eine Dimension ist der Einfluss der Akteure, die ein umweltpolitisches Vorhaben unterstützen, in Relation zu den ablehnenden Akteuren. Hier lässt sich an Theorien zu Akteurskoalitionen (*Advocacy Coalitions*) anknüpfen, die in der US-amerikanischen Politikwissenschaft entwickelt worden sind. *Advocacy Coalitions* bestehen aus „Personen in unterschiedlichen Positionen ([z. B.] gewählten Beamten, Politikern und Verwaltungsbeamten, Vorsitzenden von Interessengruppen, Wissenschaftlern), die ein spezifisches ‚belief system' teilen [...]" (Sabatier 1993, 127; vgl. auch Sabatier/Jenkins-Smith 1999). Aufgrund gemeinsamer Ziele, Überzeugungen oder Interessen wirken verschiedene Akteure zusammen und können so dazu beitragen, ein politisches Vorhaben durchzusetzen oder zu verhindern.

> Dies lässt sich am Beispiel der Einführung umweltschutzorientierter Steuern zeigen, die Umweltbelastungen verteuern („Ökosteuern"). Ursprünglich unterstützten Umweltschutzverbände und Grüne Parteien die von Wirtschaftswissenschaftlern entwickelte Idee zur Einführung solcher Steuern. In Deutschland wurden erste Elemente ökologischer Besteuerung Ende der 1990er Jahre durchsetzbar, nachdem sich auch eine Reihe von weiteren Wissenschaftlern und Gewerkschaftsvertretern diese Forderung zueigen gemacht hatten (hierzu Reiche/Krebs 1998). Die rot-grüne Bundestagsmehrheit konnte die Befürworterkoalition für dieses Vorhaben vorübergehend dadurch organisieren und entscheidend verbreitern, dass die Einnahmen aus der neu eingeführten Stromsteuer überwiegend nicht in Umweltschutzprojekte flossen, sondern für die Senkung der Lohnnebenkos-

ten eingesetzt wurden. Dies motivierte u. a. Gewerkschaftsvertreter, das Vorhaben zu unterstützen.

In einer Weiterentwicklung des *Advocacy Coalition*-Ansatzes lassen sich geplante von faktischen Akteurskoalitionen unterscheiden. Geplante Koalitionen basieren auf einer inhaltlichen Zusammenarbeit und einer gemeinsamen Strategie. Faktische Akteurskoalitionen entstehen dagegen dort, wo verschiedene Akteure Interessen verfolgen, die sich überschneiden. Dafür müssen sich diese Akteure weder kennen noch strategisch zusammenarbeiten. Ein sich überschneidender (Teil-)Konsens reicht (*Overlapping Consensus*, vgl. hierzu Rawls 1999, 340). Die Gründe, weshalb die einzelnen Akteure oder Akteursgruppen eine Position vertreten, können unterschiedlich sein. Es reicht, wenn sie faktisch dasselbe Ziel verfolgen. Besonders häufig sind faktische Akteurskoalitionen bei der Ablehnung von Vorhaben.

> Bei den Diskussionen über die Einführung von Ökosteuern in Deutschland befürchteten nicht nur gut organisierte Industrieunternehmen, sondern auch viele Verbraucher, dass auf sie höhere Kosten zukommen. Verstärkt wurde diese faktische Ablehnungskoalition durch politische Parteien und weitere Interessengruppen, die ökologische Besteuerungskriterien ablehnten. Die intensiven öffentlichen Diskussionen aufgrund der aus verschiedenen Richtungen vorgetragenen Kritik veranlassten die rot-grüne Regierungsmehrheit zu Zugeständnissen, z. B. zu Steuerermäßigungen für stromintensive Produktionsprozesse. Auf eine Ausweitung dieses Instruments auf andere Felder der Umweltpolitik verzichtete die damalige Regierungsmehrheit.

Die *Governance*-Strukturen und institutionellen Rahmenbedingungen sind ein weiterer Faktor, der die Erfolgschancen eines umweltpolitischen Vorhabens beeinflusst. So können formelle oder informelle Absprachen zwischen Regierungen und Industriebranchen Umweltschutzbelange – je nach inhaltlicher Ausgestaltung – fördern oder behindern. Haben Umweltschutzverbände institutionalisierte Mitwirkungsrechte in Form von Anhörungs- oder Verbandsklagerechten, so steigt die Wahrscheinlichkeit, dass ihre Position zumindest in Erwägung gezogen wird.

Die Chancen, dass ein umweltpolitisches Anliegen durchsetzbar ist, können sich in bestimmten Phasen verbessern. Wie bei der Agendagestaltung spielen hier Gelegenheitsfenster (*Windows of Opportunity*) eine wichtige Rolle, die sich nach Ereignissen wie Naturkatastrophen oder Unfällen öffnen. So können z. B. strengere Umweltschutznormen unmittelbar nach einem Unfall kurzfristig durchsetzbar sein, weil eine breite Öffentlichkeit auf ein Problem aufmerksam wird und politische Entscheidungsträger Handlungsfähigkeit dadurch demonstrieren möchten, dass sie schnell und entschlossen reagieren.

Eine andere Art von Gelegenheitsfenster entsteht im föderalen System der Bundesrepublik Deutschland in den relativ seltenen Phasen, in denen die Bundestags- und die Bundesratsmehrheit übereinstimmen.

> Während der Regierungsbeteiligung von Bündnis 90/Die Grünen in den Jahren 1998 bis 2005 gab es ein solches Gelegenheitsfenster nur für wenige Monate von Ende 1998 bis April 1999. Nach der Landtagswahl in Hessen im April 1999 konnte sich die rot-grüne Regierungskoalition nicht mehr auf eine Bundesratsmehrheit stützen und war bei der Durchsetzung vieler Anliegen auf Kompromisse mit der Opposition angewiesen.

3.5.5 Vollzug der Umweltpolitik

Konnte ein umweltpolitischer Entscheidungsprozess erfolgreich mit einem *Policy Output* abgeschlossen werden, z. B. in Form neuer gesetzlicher Bestimmungen für den Umweltschutz, so bedeutet dies noch nicht, dass daraus die gewünschten konkreten Folgen erwachsen (*Policy Outcome*). In der Vollzugsphase, auch Implementationsphase genannt, können neue Probleme auftreten.

Erst hier kann sich zeigen, dass die getroffene Entscheidung wider Erwarten nicht zur Verwirklichung des angestrebten Umweltschutzziels geeignet war. Oder der Vollzug einer umweltpolitischen Entscheidung kann unzulänglich sein, z. B. weil die Normadressaten die einzuhaltenden Umweltstandards nicht kennen oder missachten und zugleich Kontrollmechanismen fehlen, die der Durchsetzung Nachdruck verleihen könnten. Die Akzeptanz von

Umweltvorschriften bei den Normadressaten und die behördlichen Kontrollkapazitäten sind daher maßgebliche Einflussfaktoren für Erfolg oder Misserfolg umweltpolitsicher Maßnahmen in der Vollzugsphase.

Die Umweltpolitik gehört zu den Politikfeldern, auf denen schon früh große Diskrepanzen zwischen den verabschiedeten rechtlichen Regeln und dem praktischen Vollzug beobachtet wurden. Zwar gab es bereits in den 1970er Jahren einen erheblichen Bestand an Umweltschutznormen, z. B. in Form von Grenzwerten für Emissionen in Luft und Wasser. Schon bald stellte man aber fest, dass diese längst nicht überall eingehalten wurden. Parallel entwickelte sich in den Rechts- und Sozialwissenschaften eine Diskussion über Ursachen und Gegenstrategien zur Überwindung von Implementationsdefiziten (vgl. z. B. Winter 1975; zur Implementation allgemein: Mayntz 1977). Die Diskussionen über die Ausdifferenzierung der umweltpolitischen Steuerungsinstrumente knüpfen hier unmittelbar an (s. oben, Abschnitt 3.4).

Ähnliche Erfahrungen wurden auch mit den umfangreichen europäischen Umweltvorschriften gemacht, die seit den 1970er Jahren verabschiedet wurden. Schon bald stellte sich heraus, dass es erhebliche Vollzugsdefizite gab. Manche Mitgliedstaaten setzten europäische Richtlinien nicht um. Aus anderen Mitgliedstaaten häuften sich Beschwerden darüber, dass die europäischen Umweltvorschriften zwar in das mitgliedstaatliche Recht umgesetzt worden waren, in der Praxis aber nicht angewendet wurden. Als Gegenmaßnahme leitete die Kommission zahlreiche Vertragsverletzungsverfahren gegen Mitgliedstaaten ein, die auf der letzten Verfahrensstufe in der Regel zu einer Verurteilung der säumigen Mitgliedstaaten durch den Europäischen Gerichtshof führten (hierzu Knill 2008, 162 ff.; Aden 1999). Diese Verfahren waren Gegenstand zahlreicher politik- und verwaltungswissenschaftlicher Forschungsprojekte, die Unterschiede zwischen dem Vollzug der europäischen Umweltpolitik durch die einzelnen EU-Mitgliedstaaten und die Aussagekraft der Vertragsverletzungsverfahren für die Qualität einer mitgliedstaatlichen Umweltpolitik untersuchten (Überblick bei Knill 2008, 167 ff.; im Politikfeldvergleich: Falkner/ Treib u. a. 2005; Börzel 2001).

3.5.6 Evaluation und nötigenfalls Beendigung umweltpolitischer Maßnahmen

Im weiteren Sinne zählen auch die Evaluation einmal eingeführter umweltpolitischer Maßnahmen und Instrumente und nötigenfalls deren Beendigung zum umweltpolitischen Prozess (zum Forschungsstand zur Politikbeendigung: Bauer 2006).

Eine systematische Evaluation vorhandener Instrumente im Sinne einer regelmäßigen und methodisch abgesicherten Auswertung des Erreichten sieht weder die deutsche noch die europäische Umweltpolitik vor. Evaluiert werden zumeist Maßnahmen oder Programme, über deren Fortführung entschieden werden soll. Auch für die Art und Qualität der Evaluation gibt es keine festen Standards. Die Verwaltung führt manche Evaluationen selbst durch. Oft erhalten Forschungseinrichtungen oder andere Sachverständige Evaluationsaufträge. Die Tätigkeit der umweltpolitischen Beratungsgremien der Bundesregierung, insbesondere des Sachverständigenrats für Umweltfragen, umfasst ebenfalls Evaluationsaufgaben.

Wenn sich eine politische Maßnahme nicht bewährt hat, bedeutet dies nicht automatisch, dass sie wieder abgeschafft wird. Nutznießer von Subventionen und eingerichtete Verwaltungsbehörden mobilisieren in solchen Entscheidungsprozessen oftmals erfolgreich Widerstände. Wenn Verwaltungskapazitäten für den Vollzug der Umweltpolitik abgebaut werden, ist dies eine spezifische Variante von Politikbeendigung (hierzu Bauer/Bogumil u. a. 2007; s. auch oben, Abschnitt 3.2.2).

Aufgrund der Problemstruktur der Umweltpolitik ist es kaum denkbar, dass sich der Staat mit politisch-administrativen Maßnahmen aus Teilbereichen der Umweltpolitik völlig zurückzieht. Die Beendigung von Instrumenten und Maßnahmen kommt daher in der Umweltpolitik eher dort vor, wo Förderprogramme auslaufen oder ein Instrument durch ein anderes ersetzt wird.

4 Ausblick: Wohin entwickelt sich die Umweltpolitik?

Die verschiedenen Aspekte, unter denen die Umweltpolitik in diesem Buch analysiert worden ist, zeigen, dass dieses Politikfeld seit seiner Entstehung in den 1970er Jahren durch eine starke Dynamik geprägt ist. Die Problemfelder, die im Mittelpunkt des Interesses standen, wandelten sich mehrfach. Von der Sichtbarkeit und der Wahrnehmung der jeweiligen Probleme als mehr oder weniger dringlich hing jeweils auch der Stellenwert des Politikfelds in der öffentlichen Wahrnehmung und in den politisch-administrativen Gremien und Strukturen auf nationaler, europäischer und globaler Ebene ab. Ein paradoxer Effekt entsteht dadurch, dass Erfolge der Umweltpolitik bei der Bekämpfung unmittelbar sicht- und spürbarer Umweltprobleme dazu beitragen, ihre Priorität unter den politischen Themen zu verringern, weil der Problemdruck so nachlässt, auch wenn eine vollständige und optimale Problemlösung noch nicht erreicht worden ist.

4.1 Entwicklungsperspektiven der Umweltprobleme

Bereits heute ist absehbar, dass einige Umweltprobleme, die kurzfristig kaum effektiv gelöst werden können, die Umweltpolitik auf längere Sicht prägen werden. Hierzu zählen die Folgen des Klimawandels und der Erderwärmung, die inzwischen auch für Entscheidungen auf zahlreichen anderen Politikfeldern wie der Energie-, Verkehrs- oder Landwirtschaftspolitik zu einem relevanten Kriterium geworden sind. Auch der Verbrauch von Umweltressourcen und die Bedrohung der Artenvielfalt durch die menschliche Zivilisation werden kaum innerhalb von kurzer Zeit umzukehren sein. Von Umweltproblemen verursachte Naturkatastrophen werden die umweltpolitischen Themenkonjunkturen weiterhin beeinflussen, aufgrund der Erderwärmung wahrscheinlich mit zunehmender Tendenz. Der bereits zu beobachtende Trend, dass der Klimaschutz eine Art Mega- und Metathema der Umweltpolitik wird, könnte sich damit fortsetzen.

Möglicherweise werden zukünftig auch neue Umweltprobleme sichtbar werden, die bislang noch nicht wahrgenommen worden sind.

4.2 Perspektiven der politikwissenschaftlichen Umweltforschung

Politikwissenschaftliche Umweltforschung kann einen Beitrag zur systematischen Analyse von Umweltproblemen und Lösungsstrategien leisten. Dabei sollte sie eine kritische Distanz gegenüber den Moden der tagespolitischen Agenda entwickeln. Aus einer solchen kritischen Distanz heraus übernimmt die wissenschaftliche Analyse der Umweltpolitik nicht einfach die Prioritätensetzung der politischen Praxis, sondern hinterfragt auch die Prämissen und die Hintergründe dieser Prioritäten.

Politikwissenschaftliche Theorien und Analyseinstrumente wie der *Policy Cycle*, die Instrumenten-, Steuerungs- und *Governance*-Diskussion oder die Mehrebenenanalyse sind Hilfskonstruktionen, mit denen sich Muster und wiederholt auftretende Konstellationen innerhalb des Politikfeldes Umwelt oder im Vergleich zu anderen Politikfeldern analysieren lassen. Eine kritische wissenschaftliche Herangehensweise sollte jedoch nicht aus dem Blick verlieren, dass die Wirklichkeit oft komplexer und widersprüchlicher ist als es modellhaft vereinfachende Theorieansätze manchmal suggerieren.

Gerade dort, wo sich die Wirklichkeit als komplexer herausstellt als etablierte Theorien annehmen, liegen spannende neue Forschungsfragen zur Umweltpolitik.

Literaturverzeichnis

Aden, Hartmut, 1999: Die Umsetzung europäischer Umweltrichtlinien: Kommission und EuGH als Akteure der Implementationskontrolle, in: Zeitschrift für Rechtssoziologie (20. Jg., Nr. 2), 317-332.

Aden, Hartmut, 2002: Die Auswahl der normsetzenden Institutionen im Prozess der Globalisierung des Rechts, in: Nahamowitz, Peter/Voigt, Rüdiger (Hg.), Globalisierung des Rechts II: Internationale Organisationen und Regelungsbereiche, Baden-Baden: Nomos, 281-318.

Aden, Hartmut, 2006: Nationale, europäische und internationale Verrechtlichung in wechselseitiger Abhängigkeit – Mehrebenenrecht und Machtverschiebung zur Exekutive, in: Becker, Michael/Zimmerling, Ruth (Hg.), Politik und Recht, Politische Vierteljahresschrift (PVS), Sonderheft 36, Wiesbaden: VS, 357-376.

Aden, Hartmut, 2008: Problemdefinition und Agendagestaltung in der Kriminalpolitik, in: Lange, Hans-Jürgen (Hg.), Kriminalpolitik, Wiesbaden: VS, 121-136.

Akhtarkhavari, Afshin, 2010: Global Governance of the Environment: Environmental Principles and Change in International Law and Politics, Cheltemham u. a.: Edward Elgar.

Altmann, Jörn, 1997: Umweltpolitik, Stuttgart: Lucius & Lucius.

Appel, Ivo, 2005: Staatliche Zukunfts- und Entwicklungsvorsorge, Tübingen: Mohr Siebeck.

Bale, Tim, 2008: European Politics: A Comparative Introduction, 2. Aufl., Basingstoke: Palgrave-Macmillan.

Bauer, Michael W., 2006: Politikbeendigung als policyanalytisches Konzept, in: PVS (47. Jg., Nr. 2), 147-168.

Bauer, Michael W./Bogumil, Jörg/Knill, Christoph/Ebinger, Falk/Krapf, Sandra/Reißig, Kristin, 2007: Modernisierung der Umweltverwaltung. Reformstrategien und Effekte in den Bundesländern, Berlin: edition sigma.

Beck, Ulrich, 1986: Risikogesellschaft: Auf dem Weg in eine andere Moderne, Frankfurt/Main: Suhrkamp.

Benz, Arthur, 2009: Politik in Mehrebenensystemen, Wiesbaden: VS.

Benz, Arthur/Dose, Nicolai, 2010: Einleitung: Governance – Modebegriff oder nützliches sozialwissenschaftliches Konzept, in: dies. (Hg.), Governance – Regieren in komplexen Regelsystemen, 2. Aufl., Wiesbaden: VS, 13-36.

Biermann, Frank, 2000: Zukunftsfähigkeit durch neue institutionelle Arrangements auf der globalen Ebene? Zum Reformbedarf der internationalen Umweltpolitik, in: Prittwitz, Volker von (Hg.), Institutionelle Arrangements in der Umweltpolitik, Opladen: Leske + Budrich, 103-115.

Blum, Sonja/Schubert, Klaus, 2011, Politikfeldanalyse, 2. Aufl., Wiesbaden: VS.

BMU/UBA, 2005: Die Wasserrahmenrichtlinie – Ergebnisse der Bestandsaufnahme 2004 in Deutschland, Berlin: Bundesministerium für Umwelt, Naturschutz und Reaktorsicherheit (Reihe Umweltpolitik), http://www.umweltdaten.de/publikationen/fpdf-l/3043.pdf (überprüft Juni 2011).

Böcher, Michael/Töller, Annette Elisabeth, 2007: Instrumentenwahl und Instrumentenwandel in der Umweltpolitik, in: Jacob, Klaus/Biermann, Frank/Busch, Per-Olof/Feindt, Peter H. (Hg.), 2007: Politik und Umwelt, Wiesbaden: VS, 299-322.

Börzel, Tanja A., 2001: Non-compliance in the European Union: pathology or statistical artefact?, in: Journal of European Public Policy (8. Jg., Nr. 5), 803-824.

Bora, Alfons, 1999: Differenz und Inklusion: Partizipative Öffentlichkeit im Rechtssystem moderner Gesellschaften, Baden-Baden: Nomos.

Bosecke, Thomas, 2008: Schutz der marinen Biodiversität im Lichte von Defiziten des Fischereimanagements und Fehlinterpretationen der EG-Kompetenzen, in: Gesellschaft für Umweltrecht (Hg.), Dokumentation zur 30. wissenschaftlichen Fachtagung, Berlin: Erich Schmidt Verlag, 147-175.

Brand, Karl-Werner, 1999: Transformation der Ökologiebewegung, in: Klein, Ansgar/Legrad, Hans-Josef/Leif, Thomas (Hg.), Neue Soziale Bewegungen, Wiesbaden: Westdeutscher Verlag, 237-256.

Brand, Ulrich (Hg.), 2010: Globale Umweltpolitik und Internationalisierung des Staates: Biodiversitätspolitik aus strategisch-relationaler Perspektive, Münster: Westfälisches Dampfboot.

Bratzel, Stefan/Tellermann, Ralf, 2008: Mobilität und Verkehr, in: Umweltpolitik, Informationen zur politischen Bildung Nr. 287, überarbeitete Neuauflage, 44-51.

Buchwald, Konrad/Engelhardt, Wolfgang (Hg.), 1999: Verkehr und Umwelt: Wege zu einer umwelt-, raum- und sozialverträglichen Mobilität, Bonn: Economica.

Bund/Länder-Arbeitsgemeinschaft für Immissionsschutz, 2010: Umsetzung der Richtlinie 2002/49/EG über die Bewertung und Bekämpfung von Umgebungslärm in Deutschland, veröffentlichtes Arbeitspapier

(Stand: 29.4.2010), http://www.umweltbundesamt.de/laermprobleme/publikationen/LAI_Erfahrungsbericht_1_Stufe.pdf (überprüft Juni 2011).

Bundesregierung, 2008: Deutsche Anpassungsstrategie an den Klimawandel, Berlin (Kabinettsbeschluss vom 17.12.2008).

Bunge, Thomas, 2002: Bauleitplanung, in: Lübbe-Wolff, Gertrude/ Wegener, Bernhard W. (Hg.), Umweltschutz durch kommunales Satzungsrecht, 3. Aufl., Berlin: Erich Schmidt, 29-164.

Calliess, Christian, 2001: Rechtsstaat und Umweltstaat, Tübingen: Mohr Siebeck.

Carter, Neil, 2007: The Politics of the Environment: Ideas, Activism, Policy, 2. Aufl., Cambridge u. a.: Cambridge University Press.

Chasek, Pamela S./Downie, David L./Welsh Brown, Janet, 2006: Handbuch Globale Umweltpolitik, Berlin: Parthas Verlag; Originalausgabe 2006: Global Environmental Politics, Boulder: Westview Press.

Diekmann, Andreas/Jaeger, Carlo C. (Hg.), 1996: Umweltsoziologie, Kölner Zeitschrift für Soziologie und Sozialpsychologie, Sonderheft 36, Wiesbaden: Westdeutscher Verlag.

Dobson, Andrew, 2007: Green Political Thought, 4. Aufl., London/New York: Routledge.

Dose, Nicolai, 1997: Die verhandelnde Verwaltung: Eine empirische Untersuchung über den Vollzug des Immissionsschutzrechts, Baden-Baden: Nomos.

Downs, Anthony, 1972, Up and down with ecology – the "issue-attention cycle", in: Public Interest (No. 28, Summer 1972), 38-50.

Edenhofer, Horst, 2003: Wege zu einer nachhaltigen Klima-und Energiepolitik, in: Aus Politik und Zeitgeschichte (Nr. 27/2003), 18-26.

Ekardt, Felix, 2008: Das Prinzip Nachhaltigkeit, in: Varwick, Johannes (Hg.), Globale Umweltpolitik, Schwalbach/Ts.: Wochenschau-Verlag, 10-31.

Eising, Rainer, 2000: Liberalisierung und Europäisierung: Die regulative Reform der Elektrizitätsversorgung in Großbritannien, der Europäischen Gemeinschaft und der Bundesrepublik Deutschland, Opladen: Leske + Budrich.

Endres, Alfred, 2007: Umweltökonomie, 3. Aufl., Stuttgart: Kohlhammer.

Epiney, Astrid, 2005: Umweltrecht in der Europäischen Union, 2. Aufl., Köln: Heymanns.

Erbguth, Wilfried/Schlacke, Sabine, 2010 : Umweltrecht, 3. Aufl., Baden-Baden: Nomos.

Europäische Kommission, 2006: Mitteilung [...]: Thematische Strategie für den Bodenschutz, KOM(2006)231 endgültig.

Falkner, Gerda/Treib, Oliver/Hartlapp, Miriam/Leiber, Simone, 2005: Complying with Europe: EU Harmonisation and Soft Law in the Member States, Cambridge: Cambridge University Press.

Faucher, Florence, 1999: Les Habits Verts de la Politique, Paris: Presses de Sciences Po.

Fees, Eberhard, 2007: Umweltökonomie und Umweltpolitik, 3. Aufl., München: Vahlen.

Feindt, Peter H./Saretzki, Thomas (Hg.), 2010: Umwelt- und Technikkonflikte, Wiesbaden: VS.

Gröning, Gert/Wolschke, Joachim, 1983: Naturschutz und Ökologie im Nationalsozialismus, in: Die alte Stadt. Zeitschrift für Stadtgeschichte, Stadtsoziologie und Denkmalpflege (10. Jg., Nr. 1), 1-17.

Groß, Matthias (Hg.), 2011: Handbuch Umweltsoziologie, Wiesbaden: VS.

Haber, Wolfgang/Salzwedel, Jürgen, 1992: Umweltprobleme der Landwirtschaft, Wiesbaden: Rat von Sachverständigen für Umweltfragen.

Hagedorn, Konrad, 2008: Balanceakt zwischen Ernährung und Naturschutz – die Landwirtschaft, in: Umweltpolitik, Informationen zur politischen Bildung Nr. 287, überarbeitete Neuauflage, 36-43.

Hagenah, Evelyn, 1996: Prozeduraler Umweltschutz: Zur Leistungsfähigkeit eines rechtlichen Regelungsinstruments, Baden-Baden: Nomos.

Hannigan, John A., 2006: Environmental Sociology, 2. Aufl., London: Routledge.

Haus, Michael/Zimmermann, Carsten, 2007: Die Feinstaubproblematik als Governance-Herausforderung für die lokale Umweltpolitik? in: Jacob, Klaus u. a. (Hg.), Politik und Umwelt, Wiesbaden: VS, 243-261.

Hey, Christian, 1999: Nachhaltige Mobilität in Europa, Wiesbaden: Westdeutscher Verlag.

Hösle, Vittorio, 1991: Philosophie der ökologischen Krise, München: Beck.

Holzinger, Katharina/Knill, Christoph, 2003: Marktorientierte Umweltpolitik – ökonomischer Anspruch und politische Wirklichkeit, in: Czada, Roland/Zintl, Reinhard (Hg.), Politik und Markt, PVS-Sonderheft 34, Wiesbaden: VS, 232-255.

Holzinger, Katharina/Knill, Christoph/Schäfer, Ansgar, 2003: Steuerungswandel in der europäischen Umweltpolitik? in: Holzinger, Katharina/Knill, Christoph/Lehmkuhl, Dirk (Hg.), Politische Steuerung im Wandel: Der Einfluss von Ideen und Problemstrukturen, Opladen: Leske + Budrich, 103-129.

Holzinger, Katharina/Sommerer, Thomas, 2011: 'Race to the Bottom' or 'Race to Brussels'? Environmental Competition in Europe, in: Journal of Common Market Studies (Vol. 49, No. 2), 315-339.

Huber, Joseph, 2001: Allgemeine Umweltsoziologie, Wiesbaden: Westdeutscher Verlag.

Hünemörder, Kai F., 2005: 1972 – Epochenschwelle der Umweltgeschichte? in: Brüggemeier, Franz-Josef /Engels, Jens Ivo (Hg.), Natur- und Umweltschutz nach 1945, Frankfurt/Main: Campus, 124-144.

Jacob, Klaus, 2008: Industrie im Spannungsfeld von Ökonomie und Ökologie, in: Umweltpolitik, Informationen zur politischen Bildung Nr. 287, überarbeitete Neuauflage, 31-35.

Jacob, Klaus/Biermann, Frank/Busch, Per-Olof/Feindt, Peter H. (Hg.), 2007: Politik und Umwelt, PVS-Sonderheft 39, Wiesbaden: VS.

Jacob, Klaus/Volkery, Axel, 2007: Umweltpolitikintegration und Selbstregulierung. Ein Vergleich von Instrumenten zur Umweltpolitikintegration in den OECD-Ländern, in: Jacob, Klaus/Biermann, Frank/Busch, Per-Olof/Feindt, Peter H. (Hg.), Politik und Umwelt, Wiesbaden: VS, 360-381.

Jänicke, Martin/Kunig, Philip/Stitzel, Michael, 2003: Umweltpolitik, 2. Aufl., Bonn: Dietz.

Jahn, Detlef/ Wälti, Sonja, 2007: Umweltpolitik und Föderalismus: Zur Klärung eines ambivalenten Zusammenhangs, in: Jacob, Klaus/Biermann, Frank/Busch, Per-Olof/Feindt, Peter H. (Hg.), Politik und Umwelt, Wiesbaden: VS, 262-279.

Jörgensen, Kirsten, 2008: Länder und Kommunen als Motoren des Umweltschutzes, in: Umweltpolitik, Informationen zur politischen Bildung Nr. 287, überarbeitete Neuauflage, 57-62.

Jonas, Hans, 1979: Das Prinzip Verantwortung, Frankfurt/Main: Insel.

Jordan, Andrew/Wurzel, Rüdiger K.W./Zito, Anthony R., 2003: 'New' Instruments of Environmental Governance: Patterns and Pathways of Change, in: dies. (Hg.), 'New' Instruments of Environmental Governance? New Experiences and Prospects, London: Frank Cass, 3-24.

Jordan, Andrew/Wurzel, Rüdiger K.W./Zito, Anthony R., 2007: New Modes of Environmental Governance: Are 'New' Environmental Policy Instruments (NEPIs) Supplanting or Supplementing Traditional Tools of Government, in: Jacob, Klaus/Biermann, Frank/Busch, Per-Olof/Feindt, Peter H. (Hg.), Politik und Umwelt, Wiesbaden: VS, 283-298.

Kemfert, Claudia, 2007: Umweltpolitik als Motor für Innovation und Beschäftigung, in: BMU/FFU (Hg.), Bilanz und Perspektiven – Handlungsfelder der deutschen Umweltpolitik. Tagungsband zum Symposium „20 Jahre Bundesumweltministerium" am 6. Juni 2006 in Berlin, 68-71.

Kern, Thomas, 2008: Soziale Bewegungen, Wiesbaden: VS.

Kloepfer, Michael, 2004: Umweltrecht, 3. Aufl., München: Beck.

Knill, Christoph, 2008: Europäische Umweltpolitik. Steuerungsprobleme und Regulierungsmuster im Mehrebenensystem, 2. Aufl., Wiesbaden: VS.

Knill, Christoph/Liefferink, Duncan, 2007: Environmental Politics in the European Union, Manchester: Manchster University Press.

Köck, Wolfgang, 2009: Die Implementation der EG-Wasserrahmenrichtlinie, in: ZUR (20. Jg., Nr. 5), 227-233.

Kraack, Michael/Pehle, Heinrich/Zimmermann-Steinhart, Petra, 2001: Umweltintegration in der Europäischen Union. Das umweltpolitische Profil der EU im Politikfeldvergleich, Baden-Baden: Nomos.

Krämer, Ludwig, 2002: Casebook on EU Environmental Law, Oxford: Hart Publishing.

Kütting, Gabriela (Hg.), 2011: Global Environmental Politics: Concepts, theories and case studies, London/New York: Routledge.

Lang, Achim/Schneider, Volker, 2007: Wirtschaftsverbände, in: Winter, Thomas von/Willems, Ulrich (Hg.), Interessenverbände in Deutschland, Wiesbaden: VS, 221-243.

Latif, Mojib, 2006, Klima, 2. Aufl., Frankfurt/M.: Fischer.

Latif, Mojib, 2009: Klimawandel und Klimadynamik, Stuttgart: Ulmer/UTB.

Laufs, Paul, 1998: Umweltpolitik: Konzeption und Umsetzung, Berlin: Erich Schmidt.

Lenschow, Andrea, 2002: Greening the European Union: An Introduction, in: dies. (Hg.), Environmental Policy Integration: Greening Sectoral Policies in Europe, London: Earthscan, 3-21.

Lindenberg, Thomas, 2008: Konfliktstoff Wasser, in: Varwick, Johannes (Hg.), Globale Umweltpolitik, Schwalbach/Ts.: Wochenschau-Verlag, 72-93.

Lübbe-Wolff, Gertrude, 2001: Instrumente des Umweltrechts – Leistungsfähigkeit und Leistungsgrenzen, in: Neue Zeitschrift für Verwaltungsrecht (NVwZ) (20. Jg., Nr. 5), 481-493.

Lübbe-Wolff, Gertrude/Wegener, Bernhard W. (Hg.), 2002: Umweltschutz durch kommunales Satzungsrecht: Bauleitplanung – Abfall – Abwasser – Abgaben – Baumschutz, 3. Aufl., Berlin: Erich Schmidt.

Luhmann, Niklas, 1968: Zweckbegriff und Systemrationalität, Frankfurt/Main: Suhrkamp.

Luhmann, Niklas, 1991: Soziologie des Risikos, Berlin: de Gruyter.

Marks, Gary/Hooghe, Liesbet, 2001: Multi-Level Governance and European Integration, Lanham: Rowman & Littlefield.

Mayer-Tasch, Peter Cornelius, 1999: Was ist und wozu betreibt man Politische Ökologie?, in: ders. (Hg.), Politische Ökologie: Eine Einführung, Opladen: Leske + Budrich, 9-33.

Mayntz, Renate, 1977: Die Implementation politischer Programme: Theoretische Überlegungen zu einem neuen Forschungsgebiet, in: Die Verwaltung (10. Jg., Nr. 1), 51-66.

Mayntz, Renate, 2008: Von der Steuerungstheorie zu Global Governance, in: Schuppert, Gunnar Folke/Zürn, Michael (Hg.), Governance in einer entgrenzten Welt, PVS-Sonderheft 41, Wiesbaden: VS, 43-60.

Meadows, Donella/Meadows, Dennis/Randers, Jørgen/Behrens, William W., 1972: The Limits of Growth. A Report for the Club of Rome's Project on the Predicament of Mankind, New York: Universe Books.

Meadows, Donella/Randers, Jørgen/ Meadows, Dennis 2004: The Limits of Growth. The 30-Year Update, White River Junction: Chelsea Green Publishing.

Meinken, Lutz, 2001: Emissions- versus Immissionsorientierung, Baden-Baden: Nomos.

Mertz, Torsten, 2006: Schnellkurs Ökologie, Köln: DuMont.

Mikler, John, 2009: Greening the Car Industry. Varieties of Capitalism and Climate Change, Cheltenham: Edward Elgar.

Miller, Norman, 2009: Environmental Politics: Stakeholders, Interests and Policymaking, 2. Aufl., London/New York (Routledge).

Oberthür, Sebastian, 2008: Die Vorreiterrolle der EU in der internationalen Klimapolitik: Erfolge und Herausforderungen, in: Varwick, Johannes (Hg.), Globale Umweltpolitik, Schwalbach/Ts.: Wochenschau-Verlag, 49-71.

Oberthür, Sebastian/Gehring, Thomas (Hg.), 2006: Institutional Interaction in Global Environmental Governance. Synergie and Conflict among International and EU Policies, Cambridge/Massachusetts: MIT Press.

OECD (Organisation for Economic Cooperation and Development), 2008: Environmental Outlook to 2030, Paris: OECD.

Pache, Eckhard, 2007: Gefahrstoffrecht, in: Koch, Hans-Joachim (Hg.), Umweltrecht, 2. Aufl., Köln: Heymanns, 527-582.

Pamme, Hildegard, 2003: Das Politikfeld Umweltpolitik, in: Grunow, Dieter (Hg.), Verwaltungshandeln in Politikfeldern, Opladen: Leske + Budrich, 185-224.

Pehle, Heinrich, 1998: Das Bundesministerium für Umwelt, Naturschutz und Reaktorsicherheit: Ausgegrenzt statt integriert? Wiesbaden: Deutscher Universitätsverlag.

Pfordten, Dietmar von der, 1996: Ökologische Ethik, Reinbek: Rowohlt.

Prall, Ursula, 2007: Gentechnikrecht, in: Koch, Hans-Joachim (Hg.), Umweltrecht, 2. Aufl., Köln: Heymanns, 481-525.

Radkau, Joachim/Uekötter, Frank (Hg.), 2003: Naturschutz und Nationalsozialismus, Frankfurt/Main: Campus.

Rahmstorf, Stefan/Schellnhuber, Hans-Joachim, 2007: Der Klimawandel, 5. Aufl., München: Beck.

Rat der Europäischen Gemeinschaften, 1973: Erklärung [...] über ein Aktionsprogramm der Europäischen Gemeinschaften für den Umweltschutz, ABl. C 112 vom 20.12.1973, 1-53.
Raven, Peter H./Berg, Linda R./Hassenzahl, David M., 2009, Environment, 7. Aufl., Hoboken, NJ: Wiley.
Raschke, Joachim u.a., 1993: Die Grünen: Wie sie wurden, was sie sind, Köln: Bund-Verlag.
Rawls, John, 1999: A Theory of Justice, Revised Edition, Cambridge, Massachusetts: Harvard University Press.
Reiche, Danyel/Krebs, Carsten, 1998: Der Agendasetting-Prozess der Ökologischen Steuerreform, in: ZfU (21. Jg., Nr. 2), 177-211.
Roose, Jochen, 2003: Die Europäisierung von Umweltorganisationen, Wiesbaden: Westdeutscher Verlag.
Roose, Jochen, 2010: Der endlose Streit um die Atomenergie. Konfliktsoziologische Untersuchung einer dauerhaften Auseinandersetzung, in: Feindt, Peter H. /Saretzki, Thomas (Hg.), Umwelt- und Technikkonflikte, Wiesbaden: VS, 79-103.
Rucht, Dieter, 2007: Umweltproteste in der Bundesrepublik Deutschland: eine vergleichende Perspektive, in: Jacob, Klaus/Biermann, Frank/ Busch, Per-Olof/Feindt, Peter H. (Hg.), 2007: Politik und Umwelt, Wiesbaden: VS, 518-539.
Ruß-Mohl, Stephan, 1993: Konjunkturen und Zyklizität in der Politik: Themenkarrieren, Medienaufmerksamkeits-Zyklen und „lange Wellen", in: Héritier, Adrienne (Hg.), Policy-Analyse: Kritik und Neuorientierung, Wiesbaden: Westdeutscher Verlag, 356-368.
Sabatier, Paul A., 1993: Advocacy-Koalitionen, Policy-Wandel und Policy-Lernen: Eine Alternative zur Phasenheuristik in: Héritier, Adrienne (Hg.), Policy-Analyse: Kritik und Neuorientierung, Wiesbaden: Westdeutscher Verlag, 116-148.
Sabatier, Paul A./Jenkins-Smith, Hank C., 1999: The Advocacy Coalition Framework. An Assessment, in: Sabatier, Paul A. (Hg.), Theories of the Policy Process, Boulder, Colorado: Westview, 117-166.
Saretzki, Thomas, 2007: Demokratie und Umweltpolitik: Konzeptionelle und methodologische Probleme der makroquantitativ ausgerichteten vergleichenden Umwelt- und Demokratieforschung, in: Jacob, Klaus/ Biermann, Frank/ Busch, Per-Olof/Feindt, Peter H. (Hg.), 2007: Politik und Umwelt, Wiesbaden: VS, 409-429.
Schoenichen, Walther, 1942: Naturschutz als völkische und internationale Kulturaufgabe. Eine Übersicht über die allgemeinen, die geologischen, botanischen, zoologischen und anthropologischen Probleme des heimatlichen wie des Weltnaturschutzes, Jena: Gustav Fischer.

Schmidt-Aßmann, Eberhard/Ladenburger, Clemens, 2003: Umweltverfahrensrecht, in: Rengeling, Hans-Werner (Hg.), Handbuch zum europäischen und deutschen Umweltrecht, Bd. 1, 2. Aufl., Köln: Heymanns, 551-601 (= § 18).

Schneider, Volker/Janning, Frank, 2006: Politikfeldanalyse, Wiesbaden: VS.

Schuppert, Gunnar Folke, 2000: Verwaltungswissenschaft: Verwaltung, Verwaltungsrecht, Verwaltungslehre, Baden-Baden: Nomos.

Schuppert, Gunnar Folke, 2008: Governance – auf der Suche nach den Konturen eines „anerkannt uneindeutigen Begriffs", in: ders./Zürn, Michael (Hg.), Governance in einer entgrenzten Welt, PVS-Sonderheft 41, Wiesbaden: VS, 13-40.

Solomon, Susan/Qin, Dahe/Manning, Martin u. a. (für den IPCC), 2007: Climate Change 2007: The Physical Basis, Cambridge: Cambridge University Press.

Sparwasser, Reinhard/Stammann, Ina, 2006: Neue Anforderungen an die Planung durch die Luftqualitätsvorgaben der EU?, in: ZUR (17. Jg., Nr. 4), 169-178.

Speth, Gustave James/Haas, Peter M., 2006: Global Environmental Governance, Washington: Island Press.

Statistisches Bundesamt 2011: Umweltökonomische Gesamtrechnungen. Nachhaltige Entwicklung in Deutschland/Indikatoren zu Umwelt und Ökonomie, Wiesbaden: Statistisches Bundesamt (online: http://www.destatis.de/jetspeed/portal/cms/Sites/destatis/Internet/DE/Content/Publikationen/Fachveroeffentlichungen/UmweltoekonomischeGesamtrechnungen/Umweltindikatoren/Indikatoren__5850012119004,property=file.pdf; überprüft: Juni 2011).

Strübel, Michael, 1992: Internationale Umweltpolitik: Entwicklungen, Defizite, Aufgaben, Opladen: Leske + Budrich.

Thiemann, Anke, 1994: Die Entwicklung der ECE und ihrer Prinzipien im Umweltbereich, Münster/Hamburg: LIT-Verlag.

Töller, Annette Elisabeth, 2002: Komitologie: Theoretische Bedeutung und praktische Funktionsweise von Durchführungsausschüssen der Europäischen Union am Beispiel der Umweltpolitik, Opladen: Leske + Budrich.

Töller, Annette Elisabeth, 2003: Warum kooperiert der Staat? Politische Steuerung durch Umweltvereinbarungen, in: Grande, Edgar/Prätorius, Rainer (Hg.), Politische Steuerung und neue Staatlichkeit, Baden-Baden, Nomos: 155-188.

UBA, 2004: Flächenverbrauch, ein Umweltproblem mit wirtschaftlichen Folgen, Berlin: Umweltbundesamt, http://www.umweltdaten.de/publikationen/fpdf-l/3576.pdf (überprüft Juni 2011).

UBA u.a., 2005: Umwelt und Gesundheit in Deutschland: Beispiele aus dem täglichen Leben, Dessau: Umweltbundesamt, http://www.umweltda ten.de/publikationen/fpdf-l/2975.pdf (überprüft Juni 2011).

UBA, 2008: Stellenwert der Abfallverbrennung in Deutschland, Dessau: Umweltbundesamt, http://www.umweltdaten.de/publikationen/fpdf-l/3649.pdf (überprüft Juni 2011).

UBA, 2010: Export von Elektroaltgeräten: Fakten und Maßnahmen, Dessau: Umweltbundesamt, http://www.umweltdaten.de/publikationen/fpdf-l/ 4000.pdf (überprüft Juni 2011).

Uekötter, Frank, 2007: Umweltgeschichte im 19. und 20. Jahrhundert, München: Oldenbourg.

Uexküll, Jakob Johann von, 1909: Umwelt und Innenwelt der Tiere, Berlin: Springer.

Voigt, Rüdiger, 1991: Zu den Grenzen regulativer Umweltpolitik: Von der direkten zur indirekten Verhaltenssteuerung, in: Regulative Umweltpolitik, Jahresschrift für Rechtspolitologie Bd. 5, Pfaffenweiler: Centaurus, 173-191.

Wessels, Wolfgang, 2008: Das politische System der Europäischen Union, Wiesbaden: VS.

Wey, Klaus-Georg, 1982: Umweltpolitik in Deutschland. Kurze Geschichte des Umweltschutzes in Deutschland seit 1900, Wiesbaden: Westdeutscher Verlag.

Winiwarter, Verena/Knoll, Martin, 2007: Umweltgeschichte, Köln: Böhlau.

Winter, Gerd, 1975: Das Vollzugsdefizit im Wasserrecht, Berlin: Erich Schmidt Verlag.

Winter, Gerd (Hg.), 1986: Grenzwerte: Interdisziplinäre Untersuchungen zu einer Rechtsfigur des Umwelt-, Arbeits- und Lebensmittelschutzes, Düsseldorf: Werner-Verlag.

Wolf, Rainer,1986: Der Stand der Technik: Geschichte, Strukturelemente und Funktion der Verrechtlichung technischer Risiken am Beispiel des Immissionsschutzes, Opladen: Westdeutscher Verlag.

WWF Deutschland, 2008: Meerestiere sind kein Müll! Rückwürfe in der Nordsee-Fischerei, Frankfurt/Main: WWF.

Young, Oran, R., 2010: Institutional Dynamics: Emergent Patterns in International Environmental Governance, Cambridge, Massachusetts/London: MIT Press.

Zürn, Michael, 1998: Regieren jenseits des Nationalstaates: Globalisierung und Denationalisierung als Chance, Frankfurt/Main: Suhrkamp.

Ausgewählte neuere Bücher zur Umweltpolitik (englisch- und deutschsprachig)

Überblicks- und Sammelwerke zur Umweltpolitik (Auswahl)

Altmann, Jörn, 1997: Umweltpolitik, Stuttgart: Lucius & Lucius.

Auf 410 Seiten analysiert dieses Buch Problemfelder der Umweltpolitik aus einer vorwiegend wirtschafts- und politikwissenschaftlichen Perspektive.

Bundeszentrale für Politische Bildung, 2008: Umweltpolitik, Informationen zur politischen Bildung Nr. 287, überarbeitete Auflage.

Das Heft versammelt auf 75 Seiten elf einführende und zusammenfassende Beiträge mit politikwissenschaftlichem und soziologischem Schwerpunkt zu verschiedenen Themen der nationalen, europäischen und globalen Umweltpolitik.

Carter, Neil, 2007: The Politics of the Environment: Ideas, Activism, Policy, 2. Aufl., Cambridge u. a.: Cambridge University Press.

Auf 410 Seiten behandelt das Buch verschiedene Aspekte der Umweltpolitik: von den Grundlagen in der politischen Philosophie und Theorie über die Umweltpolitik als Thema von Parteien und sozialen Bewegungen, umweltpolitische Entscheidungsabläufe bis zu Fragen der globalen Umweltpolitik.

Dobson, Andrew, 2007: Green Political Thought, 4. Aufl., London/ New York: Routledge.

Das Buch bietet auf 225 Seiten einen Überblick über die politiktheoretischen und philosophischen Prämissen, die Konzepten wie

Ökologie, Nachhaltigkeit oder Grenzen des Wachstums zugrunde liegen.

Jacob, Klaus/Biermann, Frank/Busch, Per-Olof/Feindt, Peter H. (Hg.), 2007: Politik und Umwelt, Politische Vierteljahresschrift, Sonderheft 39, Wiesbaden: Verlag für Sozialwissenschaften.

Auf 564 Seiten versammelt dieses Buch 25 vorwiegend politikwissenschaftliche Beiträge zu Forschungsthemen der Umweltpolitik. Der Band bietet keine Einführung in die Umweltpolitik, sondern vertieft ausgewählte Aspekte und gibt einen Überblick über den Forschungsstand (s. auch Verweise auf den Band in diesem Buch). Einen großen Schwerpunkt bilden Beiträge zur internationalen und europäischen Umweltpolitik.

Jänicke, Martin/Kunig, Philip/Stitzel, Michael, 2003: Umweltpolitik: Politik, Recht und Management des Umweltschutzes in Staat und Unternehmen, 2. Aufl., Bonn: Dietz.

Dieses „Lern- und Arbeitsbuch" umfasst in der 2. Auflage 456 Seiten. Wichtige Aspekte der Umweltpolitik, des Umweltrechts und des Umweltmanagements werden in drei getrennten Kapiteln dargestellt.

Laufs, Paul, 1998: Umweltpolitik: Konzeption und Umsetzung, Berlin: Erich Schmidt.

Materialsammlung zu Fragen der Umweltpolitik mit zahlreichen Abbildungen und Übersichten (238 Seiten).

Mayer-Tasch, Peter Cornelius (Hg.), 1999: Politische Ökologie: Eine Einführung, Opladen: Leske + Budrich

Die Beiträge in diesem Buch stellen auf insgesamt 168 Seiten Ökologie und Umweltprobleme in einen größeren politischen, philosophischen, gesellschaftlichen und rechtlichen Kontext.

Mertz, Torsten, 2006: Schnellkurs Ökologie, Köln: DuMont.

Auf 179 Seiten führt dieser „Schnellkurs" in die zentralen Umweltprobleme ein und zeigt Zusammenhänge mit den jeweiligen ökologischen Grundlagen auf.

Miller, Norman, 2009: Environmental Politics: Stakeholders, Interests and Policymaking, 2. Aufl., London/New York (Routledge).

Dieses Buch (207 Seiten) gibt einen Überblick über Entwicklung und Institutionen der US-amerikanischen Umweltpolitik.

Raven, Peter H./Berg, Linda R./Hassenzahl, David M., 2009, Environment, 7. Aufl., Hoboken, NJ: Wiley.

Auf 656 Seiten stellt dieses transdisziplinär konzipierte Buch Problemfelder und Lösungsansätze der Umweltpolitik im Kontext der jeweiligen technisch-naturwissenschaftlichen Hintergründe dar. Zahlreiche anschauliche Abbildungen.

Einführende Bücher zur Klimaschutzpolitik (Auswahl)

Mit der gewachsenen Bedeutung des Klimaschutzes hat sich in verschiedenen Wissenschaftsdisziplinen eine umfangreiche Literatur zu diesem Thema entwickelt. Hier einige allgemeinverständliche Einführungen in deutscher Sprache:

Latif, Mojib, 2006, Klima, 2. Aufl., Frankfurt/M.: Fischer und *Latif, Mojib, 2009: Klimawandel und Klimadynamik, Stuttgart: Ulmer/UTB.*

Beide Bücher führen in die Grundlagen und Streitthemen des Klimawandels und der Klimaschutzpolitik ein. Der Autor ist Naturwissenschaftler, arbeitet die Materie aber so auf, dass sie auch für Fachfremde verständlich ist. Zahlreiche anschauliche Abbildungen.

Rahmstorf, Stefan/Schellnhuber, Hans-Joachim, 2007: Der Klimawandel, 5. Aufl., München: Beck.

Das Buch erörtert auf 144 Seiten die Ursachen und die Entwicklung des Klimawandelns sowie Möglichkeiten zum Gegensteuern.

Lehrbücher zum Umweltrecht (Auswahl)

Lehrbücher zum Umweltrecht enthalten zumeist Informationen zum technisch-naturwissenschaftlichen und zum politischen Kontext der rechtlichen Regelungen. Daher können sie auch zu Fragen der Umweltpolitik interessante Informationen enthalten. Da sich das Umweltrecht unter manchen Aspekten schnell weiterentwickelt, sind Lehrbücher oft schon nach kurzer Zeit teilweise veraltet:

Erbguth, Wilfried/Schlacke, Sabine, 2010: Umweltrecht, 3. Aufl., Baden-Baden: Nomos.

Dieses in der 3. Auflage 445 Seiten umfassende Lehrbuch gibt einen auch für Nichtjuristen verständlichen Überblick über die wichtigsten Regelungsstrukturen und Problemfelder des Umweltrechts.

Kloepfer, Michael, 2004: Umweltrecht, 3. Aufl., München: Beck.

Dieses sehr ausführliche Lehrbuch (1963 Seiten) enthält zahlreiche vertiefende Hinweise und Literaturangaben. Es eignet sich daher besonders als Nachschlagewerk für die Vertiefung von Einzelfragen.

Koch, Hans-Joachim (Hg.), Umweltrecht, 2007: 2. Aufl., Köln: Heymanns.
Dieses Buch behandelt wichtige Aspekte des globalen, europäischen und nationalen Umweltrechts in 16 ausführlichen Einzelbeiträgen (zusammen 734 Seiten).

Sparwasser, Reinhard/Engel, Rüdiger/Voßkuhle, Andreas, 2003: Umweltrecht, 5. Aufl., Heidelberg: C.F. Müller.

Ausführliche Darstellung des Umweltrechts im technisch-naturwissenschaftlichen und politischen Problemkontext (1051 Seiten). Vorwiegend als Nachschlagewerk und zum Vertiefen von Einzelaspekten geeignet.

Überblicksliteratur zur europäischen Umweltpolitik (Auswahl)

Knill, Christoph, 2008: Europäische Umweltpolitik. Steuerungsprobleme und Regulierungsmuster im Mehrebenensystem, 2. Aufl., Wiesbaden: VS und Knill, Christoph/Liefferink, Duncan, 2007: Environmental Politics in the European Union, Manchester: Manchster University Press.

Beide Bücher geben einen Überblick über die Entwicklung der europäischen Umweltpolitik, die umweltpolitischen Entscheidungsabläufe in der EU sowie über Fragen der Implementation und Effektivität der EU-Umweltpolitik.

Epiney, Astrid, 2005: Umweltrecht in der Europäischen Union, 2. Aufl., Köln: Heymanns.

Dieses Buch zum EU-Umweltrecht enthält auch viele Informationen, die für umweltpolitische Fragen relevant sind.

Überblicksliteratur zur globalen Umweltpolitik (Auswahl)

Chasek, Pamela S./Downie, David L./Welsh Brown, Janet, 2006: Handbuch Globale Umweltpolitik, Berlin: Parthas Verlag; Originalausgabe 2006: Global Environmental Politics, Boulder: Westview Press.

Das Buch bietet eine Einführung in zentrale Problemfelder und die institutionellen Strukturen der globalen Umweltpolitik (447 Seiten).

Kütting, Gabriela (Hg.), 2011: Global Environmental Politics: Concepts, theories and case studies, London/New York: Routledge.

Dieser Sammelband (198 Seiten) enthält zwölf Beiträge zu wichtigen Aspekten der globalen Umweltpolitik.

Oberthür, Sebastian/Gehring, Thomas (Hg.), 2006: Institutional Interaction in Global Environmental Governance. Synergy and Conflict among International and EU Policies, Cambridge, Massachusetts/London: MIT Press.

Die Beiträge in diesem Band analysieren Wechselwirkungen zwischen der EU-Umweltpolitik und Institutionen der globalen Umweltpolitik auf der Basis ausgewählter Beispiele (405 Seiten).

Speth, Gustave James/Haas, Peter M., 2006: Global Environmental Governance, Washington: Island Press.

Das Buch bietet einen einführenden Überblick über Problemfelder und Institutionen der globalen Umweltpolitik.

Varwick, Johannes (Hg.), 2008: Globale Umweltpolitik, Schwalbach/Ts.: Wochenschau-Verlag

Das Buch enthält fünf einführende Beiträge zu zentralen Fragen der globalen Umweltpolitik: Nachhaltigkeit, Klimaschutz, Wasser, umweltpolitische Instrumente (insgesamt 126 Seiten).

Young, Oran, R., 2010: Institutional Dynamics: Emergent Patterns in International Environmental Governance, Cambridge, Massachusetts/London: MIT Press.

In diesem Buch fasst der Autor die Ergebnisse seiner langjährigen Forschung zur Herausbildung von Institutionen der globalen Umweltpolitik zusammen.

Ausgewählte Adressen und Internetlinks zur Umweltpolitik
[alle Angaben auf dem Stand Juni 2011]

Bundesministerium und -behörden im Umweltbereich

Bundesministerium für Umwelt, Naturschutz und Reaktorsicherheit (BMU), Robert-Schuman-Platz 3, 53175 Bonn oder Alexanderstraße 3, 10178 Berlin, Internet: www.bmu.bund.de (Berliner Dienstsitz zukünftig: Stresemannstraße)

Umweltbundesamt (UBA), Wörlitzer Platz 1, 06844 Dessau-Roßlau; Dienstsitz Berlin: Bismarckplatz 1, 14193 Berlin, Internet: www.umweltbundesamt.de

Bundesamt für Naturschutz (BfN), Konstantinstr. 110, 53179 Bonn, Internet: www.bfn.de

Bundesamt für Strahlenschutz (BfS), Willy-Brandt-Straße 5, 38226 Salzgitter, Internet: www.bfs.de

Beratungsgremien der Bundesregierung

Rat für Nachhaltige Entwicklung, Potsdamer Platz 10, 10785 Berlin, Internet: www.nachhaltigkeitsrat.de

Sachverständigenrat für Umweltfragen (SRU), Luisenstraße 46, 10117 Berlin, Internet: www.umweltrat.de

Wissenschaftlicher Beirat der Bundesregierung Globale Umweltveränderungen (WBGU), Luisenstraße 46, 10117 Berlin, Internet: www.wbgu.de

Europäische Union

Europäische Kommission, Generaldirektion Umwelt, Avenue de Beaulieu 5, B-1160 Brussels/Bruxelles, Belgien, Internet: http://ec.europa.eu/environment/index_de.htm

Rat der Europäischen Union, Formation Umwelt (Umwelt-Ministerrat), Rue de la Loi 175, B-1048 Brüssel/Bruxelles, Belgien, Internet: www.consilium.europa.eu/showPage.aspx? id=415&lang=de

Europäisches Parlament, Ausschuss für Umweltfragen, Volksgesundheit und Lebensmittelsicherheit, Rue Wiertz, B-1047 Brussel/Bruxelles, Belgien, Internet: www.europarl.europa.eu/activities/committees/homeCom.do?body=ENVI&language=DE

Europäische Umweltagentur/European Environment Agency (EEA), Kongens Nytorv 6, DK – 1050 Kopenhagen K, Dänemark, Internet: www.eea.europa.eu/de

Vereinte Nationen

United Nations Environment Programme (UNEP), Headquarters/Hauptsitz: Nairobi 00100, Kenya, Internet: www.unep.org

Internationale Atomenergie Organisation/International Atomic Energy Agency, IAEA, Headquarters/Hauptsitz: Vienna International Centre, Postfach 100, A-1400 Vienna, Austria, Internet: www.iaea.org/

Intergovernmental Panel on Climate Change (IPCC), c/o World Meteorological Organization, 7bis Avenue de la Paix, CH- 1211 Geneva 2, Switzerland, Internet: www.ipcc.ch

Umweltschutzverbände

Bund für Umwelt und Naturschutz in Deutschland (BUND), Bundesgeschäftsstelle, Am Köllnischen Park 1, 10179 Berlin, Internet: www.bund.net/

Bundesverband Bürgerinitiativen Umweltschutz (BBU), Prinz-Albert-Str. 55, 53113 Bonn, Internet: www.bbu-online.de/

Deutsche Umwelthilfe (DUH), Fritz-Reichle-Ring 4, 78315 Radolfzell, Internet: www.duh.de/

Deutscher Naturschutzring (DNR), Koblenzer Straße 65, 53173 Bonn; Marienstr. 19-20, 10117 Berlin, Internet: www.dnr.de/

Greenpeace Deutschland, Große Elbstraße 39, 22767 Hamburg, Internet: www.greenpeace.de/

Naturschutzbund Deutschland (NABU), Charitéstraße 3, 10117 Berlin, Internet: www.nabu.de/

Robin Wood, Langemarckstr. 210, 28199 Bremen, Internet: www.robinwood.de

World Wide Fund For Nature (WWF), Deutschland-Zentrale: Reinhardtstraße 14, 10117 Berlin, Internet: www.wwf.de/

Fachvereinigungen Umweltpolitik und Umweltrecht

Arbeitskreis Umweltpolitik und Global Change der Deutschen Vereinigung für Politische Wissenschaft, Internet: http://userpage.fu-berlin.de/ffu/akumwelt/

Gesellschaft für Umweltrecht, Internet: www.gesellschaft-fuer-umweltrecht.de/

Verein für Umweltrecht, Internet: www.vur.de/

Forschungseinrichtungen, die (auch) einen umweltpolitischem Schwerpunkt haben

Forschungszentrum für Umweltpolitik (FFU), Freie Universität Berlin, Ihnestr. 22, 14195 Berlin, Internet: http://www.polsoz.fu-berlin.de/polwiss/forschung/systeme/ffu/index.html

Helmholtz-Zentrum für Umweltforschung (UFZ), Permoserstraße 15, 04318 Leipzig (weitere Standorte in Halle und Magdeburg), Internet: www.ufz.de/

Potsdam Institut für Klimafolgenforschung (PIK), Telegraphenberg A 31, 14473 Potsdam, Internet: www.pik-potsdam.de/

Stichwortregister

[Die Hauptfundstelle ist ggf. in Fettdruck hervorgehoben.]

Abfall 39, **41**, 54, 57
Abfalldeponien 42
Abfalltransporte 41
Abfallverbrennung 30, 42
Abgase *Siehe* Luftverschmutzung
Abwasser *Siehe* Wasser
Advocacy Coalitions *Siehe* Akteurskoalitionen
Agenda 21 68
Agendagestaltung 91
Akteurskoalitionen 95
Altfahrzeuge 42, 81
Altlasten 39
Anlagensicherheit **43**
Århus-Konvention 88
Artenschutz 18, 38, 63, 70, 101
Asbest 44, 79
Atompolitik 13, 17, 20, **46**, 50, 58, 86
Ausschließliche Wirtschaftszone 63
Automobilindustrie 50
Baumschutz 69
Bauplanung 69, 70
Begriff Umwelt *Siehe* Umweltbegriff
Bevölkerung 57
Bhopal 43
Biodiversität *Siehe* Artenschutz

Biologie 15, 24, 90
Bodenschutz 21, 39, 53, 54
Bund für Umwelt und Naturschutz in Deutschland 60, 120
Bundesamt für Naturschutz 63, 119
Bundesamt für Strahlenschutz 63, 119
Bundesländer **65, 70**
Bundesrat 62, 71
Bundestag 62, 71
Bundesumweltministerium 20, **61, 119**
Bundesverband Bürgerinitiativen Umweltschutz 60, 121
Bundesverfassungsgericht 64
Bundesverwaltungsgericht 64
Bund-Länder-Koordination 71
Bündnis 90/Die Grünen 47, *Siehe* Grüne Partei/en
Chemikalien 36, 44, 63
Club of Rome 18
Convention on Persistent Organic Pollutants 45
Deutsche Umwelthilfe 60, 121
Deutscher Naturschutzring 60, 121

Eco-Management and Audit Scheme *Siehe* Umweltbetriebsprüfung
Elektroaltgeräte 42, 81
Emissionen 29, 43, 51, 79, 80, 83, 98
Emissionsrechtehandel 83
End of Pipe 30
Energiepolitik 33, 35, 46, **50**, 58, 89
Enschede 43
Entscheidungsprozesse 93, 94
Erderwärmung *Siehe* Klimaschutz
Erlaubnisvorbehalt 79
Eröffnungskontrolle 80
EU-Binnenmarkt 19, 73
Europäische Kommission 72, 74, 120
Europäische Umweltagentur 75, 120
Europäische Union 19, 31, 35, 37, 41, 42, 43, 50, 52, 53, 56, 58, 61, 71, **74**, 77, 83, 87, 89, 90, 94
Europäische Wirtschaftsgemeinschaft *Siehe* Europäische Union
Europäischer Gerichtshof 75
Evaluation 99
Feinstaub 31, 69
Fischerei 53
Flächenverbrauch 40, 57, 66, 83
Flora-Fauna-Habitat-Richtlinie 39, 74
Föderalismus 18, 60, 65, 70, 97
Fukushima 20, 47
Gefahr **20**, 41, 44, 45, 80
Gefahrenabwehr 87
Gefahrstoffpolitik **44**
Gemeinden *Siehe* Kommunen
Gemischte Abkommen 77
Genehmigungsverfahren 49, 84, 87
Generaldirektion Umwelt *Siehe* Europäische Kommission
Gentechnik 20, **45**, 63
Gerichte 57, 64, 68, 75
Gesetzgebung 93
Gesetzgebungszuständigkeit 18, 61
Gesundheitspolitik 54, 56, 57, 66, 90
Gewässer *Siehe* Wasser
Globale Umweltpolitik 18, 44, 61, **76**, 77
Governance 55, 78, 85, 96
Government 55
Green New Deal 50
Greenpeace 60, 121
Grenzwerte 31, 32, 37, 51, 79, 80, 93, 98
Grünanlagen 69
Grüne Partei(en) 21, 59, 95
Harrisburg 47
Immissionen 29, 80
Immissionsschutz 29, 84
Implementationsdefizite *Siehe* Vollzugsdefizite
Industrialisierung 16, 36
Industrie 50, 58, 73, 96
Information 43, 75, **87**
Ingenieurwissenschaften 25

Integrative Umweltpolitik *Siehe* Umweltintegration
Interessengruppen 48, 51, 58, 93
Intergovernmental Panel on Climate Change 34, 120
Internationale Atomenergie-Organisation 46
Issue-Attention Cycle 92
Kennzeichnungspflicht *Siehe* Transparenz
Klimaschutz 13, 18, 21, 27, **33**, 36, 50, 57, 64, 73, 76, 77, 91, 101
Kohlendioxid *Siehe* Klimaschutz
Komitologieverfahren 74
Kommission *Siehe* Europäische Kommission
Kommunen 41, 68, 70
Konferenz der Umweltminister des Bundes und der Länder 71
Kontrolldichte 65, 86, 98
Kooperation 85, 86
Kooperativer Föderalismus 71
Kraftwerke 46, 52
Kyoto-Protokoll 35, 77
Landesparlamente *Siehe* Parlamente
Landesumweltministerien 67
Landkreise *Siehe* Kommunen
Landtage 66
Landwirtschaft 36, **53**, 56, 64, 66, 89
Lärm 28, **32**, 43, 54
Lebensmittelsicherheit 46

Luftqualität 31
Luftverschmutzung 28, **29**, 43, 52, 54, 57, 70, 91, 98
Medienaufmerksamkeit 92
Meere 73
Meeresspiegel 34
Mehrebenensystem 55, 60, 70, 77, 78
Ministerialverwaltung 61, 67, 74, 75
Ministerrat 75
Mobilität 52, 57
Multi-Level Governance 73
Nachhaltige Entwicklung 15
Nachhaltigkeit **15**, 54, 66
Nachhaltigkeitsrat 65
Nationalsozialismus 17
Natura 2000 *Siehe* Flora-Fauna-Habitat-Richtlinie
Naturkatastrophen 92, 97
Naturschutz 16, **38**, 53, 58, 63, 65, 70
Naturschutzbund Deutschland 60, 121
Naturwissenschaften 24
New Environmental Policy Instruments 78
NIMBY 58
Öffentliche Güter 24
Öffentlichkeitsbeteiligung 49, 84
Ökologie 15, 37
Ökologiebewegung 59
Ökonomische Steuerungsinstrumente 81, 93
Ökosteuern 82, 95, 96

Overlapping Consensus 96
Ozonschicht 91
Parlamente 56, 62, 66, 70, 74
Pflanzenschutzmittel 53, 63
Phasenmodell *Siehe* Policy Cycle
Planungsverfahren 49, 84
Policy Cycle 89
Policy Outcome 97
Policy Output 94
Politics 89
Politikdurchsetzung 95
Politikfeld Umwelt **13, 15**, 17, 22, 29, 61
Politikformulierung 93
Politikverflechtung 70, 78
Politisch-administratives System 56, 60, 70
Politische Ökonomie 23
Privatisierung 68, 69
Problemwahrnehmung 90
Produktionsanlagen **43**, 48, 57, 80, 84
Produktkennzeichnung 88
Produktnormen 19, 58, 73
Prozedurale Steuerung 84
Raumordnung 65
REACH 44
Recycling 42, 81
Rio-Konferenz 1992 18, 39, 69, 76
Risiko **20**, 41, 44, 45, 47, 80, 91
Risikovorsorge *Siehe* Vorsorgeprinzip
Robin Wood 60, 121
Romantik 16, 17
Sachverständigenrat für Umweltfragen **64**, 99, 119
Sanktionen 79, 82
Satzungen 69
Selbstregulierung 85
Seveso 20, 43
Soziale Bewegungen 47, 59
Städte *Siehe* Kommunen
Steuerungsinstrumente 55, **78**, 98
Stockholm-Konferenz 1972 18, 76
Störfall 19, **43**, 47, 92
Substainable Development 15
Subventionen 82, 99
Systemtheorie 15
Technische Anleitung Luft 29
Transeuropäische Verkehrsnetze 52
Transparenz 46, 87, 88
Transport 52
Treibhausgase *Siehe* Klimaschutz
Tschernobyl 47, 61
Umgebungslärm 33, 69
Umweltbegriff 13, 14
Umweltbetriebsprüfung 83
Umweltbewusstsein 24, 59
Umweltbundesamt 25, **62, 119**
Umweltethik 24, 45
Umweltgeschichte 16, **24**, 27, 38
Umweltintegration 52, **88**
Umweltmedizin 24
Umweltministerien 56, 93
Umweltministerkonferenz 71
Umweltökonomie **24**

Umweltrecht **23**, 79
Umweltschutzverbände 47, **58**, 74, 87, 88, 95, 96
Umweltsoziologie **24**
Umwelttechnik 25
Umweltvereinbarungen 85
Umweltverträglichkeitsprüfung 20, 49, 85
Umweltverwaltung 57, 64, 65, 70, 92
Umweltvölkerrecht 76, 77
Umweltwissenschaft 26
United Nations Conference on Environment and Development 18, 76
United Nations Economic Commission for Europe 76
United Nations Environment Programme 18, 76, 120
Verbände *Siehe* Interessengruppen
Verbote 79, 93
Verbraucherschutz 66
Vereinte Nationen *Siehe* United Nations
Verfahren 84
Verkehrsplanung 66, 69
Verkehrspolitik **52**, 89
Verordnungsermächtigungen 94
Vertragsverletzungsverfahren 98
Verursacherprinzip 40, 82
Verwaltung *Siehe* Umweltverwaltung
Verwaltungsgerichte 23, 68
Völkerrecht *Siehe* Umweltvölkerrecht
Vollzug der Umweltpolitik 97
Vollzugsdefizite 86, 98
Vorsorgeprinzip 21, 46
Washingtoner Artenschutzabkommen 39
Wasser 17, **36**, 39, 43, 53, 54, 58, 65, 70, 91, 98
Wasserrahmenrichtlinie 37
Weimarer Reichsverfassung 17
Weltorganisation für Meteorologie 34
Window of Opportunity 92, 97
Wirtschaftspolitik 48, 56
Wirtschaftsverbände 49, 74
Wissen 84
Wissenschaftlicher Beirat der Bundesregierung Globale Umweltveränderungen 64
World Wide Fund For Nature 60, 121

Neu im Programm Politikwissenschaft

Blanke, Bernhard / Nullmeier, Frank / Reichard, Christoph / Wewer, Göttrik (Hrsg.)
Handbuch zur Verwaltungsreform
4., akt. u. erg. Aufl. 2011. XXI, 616 S. Br.
EUR 49,95
ISBN 978-3-531-17546-1

Das Handbuch liefert einen Beitrag zur Einordnung unterschiedlicher Konzepte und Orientierung für die Umsetzung der Verwaltungsreform. In 66 Beiträgen werden vielfältige Ansätze der Verwaltungsreform vorgestellt, ihr Entstehungszusammenhang erläutert, praktische Anwendungsfelder beschrieben und Entwicklungsperspektiven untersucht. Die Beiträge stammen von renommierten WissenschaftlerInnen und erfahrenen PraktikerInnen. Themenblöcke: Staat und Verwaltung, Reform- und Managementkonzepte, Steuerung und Organisation, Personal, Finanzen, Ergebnisse und Wirkungen, Erfahrungen und Perspektiven.

Boeckh, Jürgen / Huster, Ernst-Ulrich / Benz, Benjamin
Sozialpolitik in Deutschland
Eine systematische Einführung
3., grundl. überarb. u. erw. Aufl. 2011. 491 S. Br. EUR 22,95
ISBN 978-3-531-16669-8

Der Band führt systematisch in das breite Spektrum von Geschichte, Strukturen, Problemlagen, Lösungswegen und die europäischen Zusammenhänge von Sozialpolitik in Deutschland sowie in die Theorie des Sozialstaates ein. Der besseren Verständlichkeit dienen ausführliche geschichtliche Dokumente und aktuelle Daten zur sozialen Entwicklung bzw. zur Sozialpolitik. Gibt es Grenzen des Sozialstaates? Diesen sucht sich der Band im geschichtlichen Rückgriff auf die Weimarer Republik systematisch und sozialräumlich zu nähern.

Dingwerth, Klaus / Blauberger, Michael / Schneider, Christian
Postnationale Demokratie
Eine Einführung am Beispiel von EU, WTO und UNO
2011. 236 S. (Grundwissen Politik) Br.
EUR 24,95
ISBN 978-3-531-17490-7

Internationale Organisationen stehen im Zentrum der Diskussion über das „Demokratiedefizit" internationaler Politik. Während politische Entscheidungen zunehmend auf internationaler Ebene getroffen werden, zweifeln Kritiker immer wieder an der Legitimation dieser Entscheidungen. Das Buch führt ein in die Diskussion über demokratisches Regieren „jenseits des Staates", es stellt die Funktionsweise von EU, WTO und UNO vor und diskutiert, inwieweit das Regieren in diesen Organisationen demokratischen Grundsätzen genügt bzw. wie sich Demokratiedefizite beheben lassen.

Erhältlich im Buchhandel oder beim Verlag. Änderungen vorbehalten. Stand: Juli 2011.

www.vs-verlag.de

VS VERLAG

Abraham-Lincoln-Straße 46
65189 Wiesbaden
tel +49 (0)6221.345 - 4301
fax +49 (0)6221.345 - 4229

Elemente der Politik

Hrsg. von Bernhard Frevel / Klaus Schubert / Suzanne S. Schüttemeyer / Hans-Georg Ehrhart

Blum, Sonja / Schubert, Klaus
Politikfeldanalyse
2., akt. Aufl. 2011. 198 S. Br. EUR 16,95
ISBN 978-3-531-17276-7

Dehling, Jochen / Schubert, Klaus
Ökonomische Theorien der Politik
2011. 178 S. Br. EUR 16,95
ISBN 978-3-531-17113-5

Dobner, Petra
Neue Soziale Frage und Sozialpolitik
2007. 158 S. Br. EUR 12,90
ISBN 978-3-531-15241-7

Frantz, Christiane / Martens, Kerstin
Nichtregierungsorganisationen (NGOs)
2006. 159 S. Br. EUR 14,90
ISBN 978-3-531-15191-5

Frevel, Bernhard
Demokratie
Entwicklung – Gestaltung – Problematisierung
2., überarb. Aufl. 2009. 177 S. Br. EUR 12,90
ISBN 978-3-531-16402-1

Fuchs, Max
Kulturpolitik
2007. 133 S. Br. EUR 14,90
ISBN 978-3-531-15448-0

Jahn, Detlef
Vergleichende Politikwissenschaft
2011. 124 S. Br. EUR 12,95
ISBN 978-3-531-15209-7

Jaschke, Hans-Gerd
Politischer Extremismus
2006. 147 S. Br. EUR 14,95
ISBN 978-3-531-14747-5

Johannsen, Margret
Der Nahost-Konflikt
2., akt. Aufl. 2009. 167 S. Br. EUR 16,95
ISBN 978-3-531-16690-2

Kevenhörster, Paul / Boom, Dirk van den
Entwicklungspolitik
2009. 112 S. Br. EUR 12,90
ISBN 978-3-531-15239-4

Kost, Andreas
Direkte Demokratie
2008. 116 S. Br. EUR 12,90
ISBN 978-3-531-15190-8

Meyer, Thomas
Sozialismus
2008. 153 S. Br. EUR 12,90
ISBN 978-3-531-15445-9

Schmitz, Sven-Uwe
Konservativismus
2009. 170 S. Br. EUR 16,90
ISBN 978-3-531-15303-2

Erhältlich im Buchhandel oder beim Verlag.
Änderungen vorbehalten. Stand: Juli 2011.

www.vs-verlag.de

VS VERLAG

Abraham-Lincoln-Straße 46
65189 Wiesbaden
tel +49 (0)6221.345 - 4301
fax +49 (0)6221.345 - 4229

MIX
Papier aus verantwortungsvollen Quellen
Paper from responsible sources
FSC® C105338

If you have any concerns about our products,
you can contact us on
ProductSafety@springernature.com

In case Publisher is established outside the EU,
the EU authorized representative is:
**Springer Nature Customer Service Center GmbH
Europaplatz 3, 69115 Heidelberg, Germany**

Printed by Libri Plureos GmbH
in Hamburg, Germany